LA VILLA HADRIANA

PAR

Henri CHABEUF

DIJON

IMPRIMERIE DARANTIÈRE

65, RUE CHABOT-CHARNY, 65

1905

TIVOLI

ET

LA VILLA HADRIANA

Extrait des *Mémoires de l'Académie de Dijon,*
t. IX, 4e série.

———

Tiré à 15 exemplaires :

5 exemplaires sur papier vergé teinté ;
10   —   ordinaire.

Signés de l'auteur.

TIVOLI

ET

LA VILLA HADRIANA

PAR

Henri CHABEUF

DIJON

IMPRIMERIE DARANTIERE

65, RUE CHABOT-CHARNY, 65

1905

TIVOLI ET LA VILLA HADRIANA

I

Au matin, je prends le tramway à vapeur hors la
porte San Lorenzo (1), autrefois Prenestine ou Tiburtine, une des trente-sept qui s'ouvraient dans l'enceinte
d'Aurélien et d'Honorius ; le railway suit presque constamment l'ancienne voie Tiburtine. J'entrevois au passage la façade de l'église San Lorenzo fuori Muri, toute
enluminée de mosaïques, hélas modernes, qui ressemblent non, comme les anciennes, à de grands émaux
champlevés, mais à de fades images de piété ampli-
fiées. Là, en arrière du maître autel, j'ai vu la chapelle
à demi souterraine et trop claire où repose depuis
vingt-cinq ans le bon vieux pape Pie IX dans un sarcophage en marbre blanc de forme simple et noble,
une imitation libre, et il est toujours permis d'imiter
ainsi, de la cuve en porphyre rouge que le pape Clé-

---

(1) La porte moderne touche à l'arc de l'ancienne qui porte encore superposés les aqueducs aujourd'hui rompus des eaux Marcia,
Tepula et Claudia.

ment XII, Corsini (1), enleva au Panthéon pour en faire sa sépulture à Saint-Jean de Latran. A la chapelle sépulcrale de Saint-Laurent, le sarcophage est certainement ce qu'il y a de meilleur; j'ai peu goûté, en effet, les grandes mosaïques brillantes comme des glaces qui tapissent entièrement les murailles; il y a là plus de riches matériaux et d'éclat que d'art et de goût; si puissant coloriste qu'il soit, le temps aura de la peine à pacifier ces verroteries, ces gemmes luisantes et ces ors criards.

A côté de l'église, c'est le Campo Santo dont les tombes de marbre dépassent le mur, dominées par des cyprès qui semblent des quenouilles gigantesques en bronze vert. Puis brusquement, sous le grand ciel bleu, c'est la Campagne romaine, le désert.

On se la représente volontiers comme un immense golfe desséché, une nappe de terres arides où se traînent des cours d'eau desséchés en été, les *Pulverulenta flumina* de Stace, et où la mal'aria se tapit dans des marécages à roseaux serrés et durs. C'est bien l'aspect du delta à Ostie, mais nous nous éloignons du Tibre pour courir à l'est vers les monts de la Sabine, et le sol ondule en remous sans fin de dunes que vêt mal une herbe courte, sèche et jaune. Pas un arbre, pas une culture et l'œuvre historique de l'homme n'apparait que dans les tronçons des aqueducs rompus; dix-neuf alimentaient autrefois la Ville éternelle, quatre seulement sont en activité aujourd'hui, et suffisent à faire de Rome cette reine des belles eaux dont les fon-

___

(1) Clément XII, Laurent Corsini, pape de 1730 à 1740, éleva la chapelle Corsini à Saint-Jean de Latran ; on considérait le sarcophage du Panthéon comme étant celui d'Agrippa.

taines ne se taisent jamais (1). De loin en loin, se
dresse le bloc d'une maison sordide qui sert d'écurie à
bestiaux, d'auberge et aussi de rendez-vous de chasse;
ces lamentables logis, aux enduits dépecés, laissant voir
çà et là un peu de brique rouge, semblent abandonnés,
mais des femmes, des enfants mal peignés regardent
passer le train d'un air morne. A l'entour, aucun jar-
dinage, des chèvres broutent l'herbe sèche et des poules
s'affairent avec leur éternelle saccade de la tête. Et je
pense à la poule trop gourmande, ce truc enfantin dont
se sert Zola dans son livre, *Rome*, pour bien nous faire
comprendre que les figues si précieusement portées au
palais Boccanera par le curé Santobono sont empoi-
sonnées. Ah, ces figues! comme pour employer un mot
de l'argot des théâtres, le romancier les pose de loin,
comme il prépare laborieusement le coup de foudre,
qui, nous le devinons aux premiers mots, va frapper,
non le vieux cardinal papable, mais les deux jeunes
amoureux. En vérité, ce n'est plus du réalisme cela,
mais du Scribe tragique, du roman d'aventure, et l'on
pense aux beaux empoisonnements que conte si bien
le bon Dumas père (2).

(1) L'acqua Marcia amenée à Rome en l'an 145 av. J.-C. par le
consul Quintus Marcius Rex; après une interruption qui dura pendant tout le moyen âge et les temps modernes, l'aqueduc a été ré-
paré en 1869, mais dévié; il pénètre aujourd'hui dans Rome par la
porte Pia; c'est l'acqua Marcia qui fuse en la belle gerbe de la place
di Termini, au devant de la gare et des thermes de Dioclétien; l'acqua Paola, anciennement Trajana, qui arrive au Janicule et alimente
la fontaine Pauline; l'acqua Vergine, celle de la fontaine Trevi;
enfin l'acqua Felice, dont l'adduction moderne a été terminée par
Sixte-Quint, Felix Peretti, qui lui donna son nom.
(2) Avec une affabulation un peu enfantine, des dissertations co-
pieuses par lesquelles l'auteur s'exprime trop visiblement par la

L'on croise de temps à autre des passants à mines farouches qui sont sans doute de pauvres diables rongés de fièvre. Cependant je ne remarque à aucune maison ces vérandas en treillis serré, comme j'en ai vu du chemin de fer en traversant les Maremmes toscanes ; ces cages arrêtent le propagateur de la mal'aria, le moustique Anophelès Claviger, et permettent d'habiter inpunément même au milieu des marais mortels de Pœstum. Puis voici des enclos où paissent en troupeaux de petits chevaux romains ou des bœufs à la robe d'un gris blanc légèrement ombré d'encre de Chine, aux longues cornes en forme de faux, aux lourds fanons pendant ; immobiles ils semblent poser dans des attitudes historiques, et je pense à certain taureau romain de Clesinger, non pas plus stylisé ni plus noble que les originaux entrevus.

Sous le ciel très pur où planent quelques nuages blancs, les monts Albains découpent de plus en plus nette leur masse plutonienne, aux contours fermes et tranquilles, aux pentes semées de taches claires qui sont des bourgs et des villas ; beau décor dont je n'aurai rien de plus que cette vision lointaine. Le temps me manque, en effet, pour visiter Frascati et en arrière, les cratères éteints où dorment les lacs d'Albano et de Nemi. Aucun Himalaya n'égalera jamais en dignité ces collines historiques ; sur la marge du lac d'Albano s'étendait Albe la Longue ; sur ce plateau qui porte encore son nom campa Hannibal. Je voudrais surtout deviner le point précis où fut

bouche des comparses, le roman de Zola n'en donne pas moins de la Rome contemporaine des descriptions d'une vérité saisissante et que l'on peut dire uniques ; par exemple celle du palais Boccanera.

Tusculum, cette villa favorite de Cicéron qui en avait huit ! toutes remplies d'objets d'art et de livres. C'est là que ce roi des littérateurs de l'antiquité — je ne dis pas cela en manière d'éloge — écrivit plusieurs de ses ouvrages et que, posant un peu facilement pour l'exilé, le soir même des ides de mars il apprit le meurtre de César. On a regret à dire que le coup d'Etat sanglant de Brutus et de Cassius lui parut la plus belle chose du monde et excita en lui de véritables transports de joie et, bien entendu, de rhétorique. Ce n'était pas la peine d'accabler ainsi César mort, un fort grand homme après tout, et aussi clément que le pouvait être un Romain pour se jeter à la tête d'Octave et aller jusqu'à lui écrire en faveur de Brutus! Acte de sénilité bavarde qui nous a valu deux lettres admirables de celui-ci, chefs-d'œuvre achevés de haute raison et de dignité morale. C'est grand dommage, en vérité, qu'elles soient fausses (1).

Quand on parle de la Campagne romaine il est difficile de ne pas tomber dans la déclamation et les redites. Mais le moyen de n'être pas induit en antithèses ! Imaginez le pays le plus riche, le plus luxueusement habité du monde, par exemple les environs de Paris avec leurs villas, leurs châteaux, leurs parcs, leurs jardins et leur cadre fait des grasses cultures de la Brie et de la Beauce, transformés en désert. De

(1) Chez ce peuple romain enragé de belles paroles et de déclamation, ce genre de fausses lettres n'était nullement méprisé, au contraire et d'excellents littérateurs s'y adonnaient avec applaudissement. Jamais, du reste, on n'a fait plus noblement parler les morts que dans ces deux lettres attribuées à Brutus, et l'on aimerait à les pouvoir tenir pour authentiques.

Rome à Ostie, le Tibre, verdâtre plutôt que blond (1),
coulait, entre deux rives de palais projetant jusqu'au
fleuve une façade ininterrompue de portiques, de terrasses, d'architectures blanches mêlées à des verdures
sombres. Depuis que l'Italie produisait très peu de
blé, Ostie était pour Rome la porte ouverte sur le
monde méditerranéen, le grand emporium non seulement pour les céréales venant d'Egypte, de Sicile et
d'Afrique, mais aussi pour tout ce qui était nécessaire
au luxe de Rome, les bois précieux, l'ivoire, les marbres
d'Asie, de Grèce, d'Egypte et de Numidie, les tapis de
Babylone, les soieries d'extrême Orient, les épices et
cette poussière du Nil qui servait aux lutteurs et aux
baigneurs. Un Havre par ses bassins artificiels et ses
jetées, mais entendez un Havre d'une magnificence
artistique inconnue à nos ports utilitaires. Ce n'étaient
que temples, palais, thermes, mêlés à des magasins,
à des entrepôts que l'on aurait pu prendre pour d'autres
palais. Sur nos grandes cités maritimes modernes,
celles du midi comme celles du nord, sur Palerme
comme sur Londres, pèsent constamment les lourdes
fumées des steamers; l'ancienne Ostie s'offrait blanche
et bleue tandis que les navires peints des plus vives
couleurs et aux grandes voiles latines, feraient penser
à ces embarcations décoratives qui, dans les tableaux
de Ziem, évoluent sur le velours des mers. Aujourd'hui

(1) L'épithète de *blond*, *flavus*, appliquée au Tibre, n'est exacte
que dans les crues qui le rendent aussi jaune que l'Arno ou la
Garonne; en temps ordinaire il est verdâtre et d'une nuance plutôt
désagréable. *Vidimus flavum Tiberim*, dit Horace, *Odes*, L. I, II.
S'agit-il de la grande inondation de 744-9 av. J.-C., deux ans avant
la mort du poète ?

et depuis des siècles Ostie est un misérable hameau qui n'occupe même pas l'emplacement de la ville d'Ancus Marcus, de Claude I et de Trajan. Les alluvions du Tibre ont fait avancer le rivage et créé des marais pestilentiels ; c'est aujourd'hui le royaume de la fièvre et de la mal'aria.

D'Ostie à Antium, sur une étendue d'environ cinquante kilomètres, le rivage formait comme un Brighton ou un Deauville continu de villas dont les terrasses venaient plonger bien avant dans la mer. Là, Pline le Jeune avait sa maison de campagne préférée, à Laurentum où aux temps fabuleux de l'*Énéide* régnait le bon roi Latinus. Moins riche, moins fastueux que Cicéron, moins collectionneur aussi, il n'avait pas d'autres villas que celle de Tusculum (1), son bien rural de Tifernum, en Etrurie, et une maison sur le lac près de Côme, sa patrie. Dans une lettre célèbre à Gallus (2), il nous donne de son cher Laurentum une description si complète, si géométrique même, que l'on n'aurait, semble-t-il, qu'à la transcrire par le crayon sous la dictée de l'aimable écrivain. Et on l'a plus d'une fois tenté, mais il n'est pas deux de ces relevés qui se ressemblent rigoureusement, tout en étant conformes au texte ; ce sont là les surprises ordinaires des restitutions archéologiques. Il subsiste du moins chez tous les lecteurs l'impression très nette de ce qu'était une villa romaine au second siècle. Notons que si Pline appartient à la classe aisée, il n'est pas un des milliardaires du temps, et nous apparaît en tout comme

(1) Lettre à Tacite.
(2) L. II, 17.

ayant des goûts simples et des besoins surtout intellectuels ; sa villa est donc un type excellent pour nous faire comprendre quel cadre il fallait à un homme de sa sorte.

D'abord rien ici ne rappelle nos châteaux modernes, pas même certaines plantations plus libres de la Renaissance, c'est au contraire une agglomération, un pêle-mêle de bâtiments aux orientations et hauteurs diverses, le plus souvent rectangulaires, mais parfois de forme ronde ou demi-circulaire, de manière à permettre de jouir dans la même pièce du soleil et de l'ombre à toute heure. La plupart des appartements sont pourvus de vitres (1). Mais une des choses qui nous frap-

(1) On a souvent discuté sur la question de l'emploi des vitres chez les Romains, et longtemps admis qu'ils se servaient seulement de plaques de talc ou de cette pierre translucide appelée spéculaire. Les découvertes les plus récentes semblent prouver que les Romains employaient le verre à l'état de vitre. D'ailleurs dans sa lettre à Gallus Pline se sert du mot *speculis* qui ne laisse guère de place au doute. Quant à la pierre spéculaire, on l'assimile volontiers à cette variété cristalline de gypse feuilleté qui ressemble au talc et qu'a reconnue Bernard Palissy dans les carrières de Montmartre, « lequel se fend comme ardoise, aussi ténu que feuille de papier, et aussi clair que verre ». C'est la *sélénite* de Dioscoride, le *faux talc* de nos carriers modernes. Mais on peut se demander si les anciens étaient en état de distinguer entre le vrai *talc* qui est un sulfate de magnésie anhydre, et le faux qui est un sulfate de chaux. Peut-être la pierre spéculaire des anciens était-elle un marbre, ou un albâtre translucide, employé en lames très minces, mais dont l'identification demeure incertaine, comme aussi, malgré tout, l'emploi du verre en vitres, puisque le même mot désigne le verre et les substances transparentes analogues.

Voici encore deux passages intéressants de la lettre à Gallus : ... « Egregium hæ adversum tempestates receptaculum ; nam specularibus, ac multo magis imminentibus tectis muniuntur... » Un peu plus loin, il parle d'une sorte de paravent, de cloison mobile que l'on recule ou rapproche selon les besoins. « Qua mare contra pa-

pent le plus, c'est le nombre des pièces destinées au
même usage; ainsi il y a je ne sais combien de salles
à manger, *triclinia*, de chambres à coucher réservées
au seul maître qui en changeait suivant les saisons (1),
ou seulement pour varier les aspects offerts des fenêtres; peut-être aussi pour rien, pour le plaisir. Les
chambres d'amis sont nombreuses, confortables, et
les esclaves — il faut certainement entendre ceci du
personnel qui approchait le maître — sont logés comme
des hôtes. Notons enfin dans la description du Laurentum l'absence d'amples espaces plantés, jardins
et parcs; sans doute le terrain était rare et cher; mais
les grandes étendues en parterres et ombrages, telles
que nous les aimons, les Romains y tenaient peu. A
Laurentum, ce sont des jardins de curé avec des ifs
taillés, des treilles, des buis, des myrtes, des lauriers
retombant au dessus des exèdres, ces bancs demi-cir-
culaires à hauts dossiers de marbre, aimés des Grecs
et des Romains et si propres aux longues causeries
paisibles. Voici encore des gazons semés de violettes,
quelques plates-bandes et partout de l'eau vive, ce
grand luxe des Romains anciens et modernes qui
prendraient en pitié nos bassins croupissants et nos
fontaines dont il faut longuement préparer et ména-
ger les effets. Pline nous parle même d'un lit de repos
en marbre blanc d'où s'échappaient des filets d'eau,

rietem medium zotheca per quam eleganter recedit; quæ specularibus et velis obductis reductisque modo adjicitur cubiculo, modo
aufertur. »

(1) L'empereur Auguste, qui, par goût et par politique, était fort
simple, n'avait qu'une chambre à coucher pour l'hiver comme pour
l'été.

comme si le poids du corps eût pesé sur un réservoir intérieur (1).

A vrai dire, le Romain, qui a presque toujours la tête nue, aime surtout à se promener sous des portiques abrités ; d'ailleurs les frondaisons italiennes ne donnent pas aussi bien que les nôtres ce *frigus opacum* de Virgile que La Fontaine a traduit par l'*ombre et le frais*. Puis, le Romain n'est pas le moins du monde romantique, ignore la montagne et se plaît aux longs horizons tranquilles, un peu insignifiants. Ce goût pour l'étendue lui a inspiré une véritable passion pour la mer, et il ne lui suffit pas d'en avoir la vue toute proche, il veut la sentir, la voir, l'entendre autour de lui et construit volontiers sa villa sur une longue jetée. En fait d'aspects montagneux, on ne va pas au delà des collines de Tivoli, et encore est-ce pour avoir de plus pénétrantes plongées sur la plaine, non pour jouir d'une nature plus abrupte. Seul peut-être parmi les poètes latins, Virgile s'est montré sensible à la beauté des montagnes ; et Néron lui aussi a été une exception, puisque le premier, le seul de son temps, il comprit le charme de Sublaqueum — Subiaco — ce beau décor de rochers et de forêts, et s'y fit construire une villa dont on croit distinguer encore les restes, mais ont disparu ces trois pièces d'eau vive superposées, que Tacite appelle *Sembruina Stagna* (2). Et en pleine Rome, au

(1) On peut aussi consulter la lettre à Caninius où il parle avec délices de la villa que son ami avait dans les faubourgs de Côme ; la lettre à Apollinaire, sur sa maison d'Etrurie. Voir aussi dans sa lettre à Romanus la jolie descriptiom de la source du Clitumne ; toujours cette passion romaine pour les belles eaux.

(2) Tacite, *Annales*, LXIV, xxii.

devant de sa Maison dorée, il avait jeté une sorte de jardin du petit Trianon, mais dans des proportions impériales, et vivifié par les plus belles eaux ; le Colysée occupa en partie l'emplacement de son lac comblé sous Vespasien. Les architectes Celer et Severus n'avaient fait que lui obéir en créant ainsi un parc anglais avec ses fabriques, ses futaies se doublant dans les nappes claires, ses aspects habilement ménagés et ses percées. Le misérable empereur était un sot, un cabotin mégalomane, c'est entendu, mais il avait des parties d'homme de goût (1).

Eh bien, la Campagne romaine et les premières pentes des montagnes étaient couvertes de villas plus ou moins magnifiques mais se rapprochant toutes du type donné par le Laurentum de Pline. Les

---

(1) Ceterum Nero usus est patriæ ruinis, extruxitque domum in qua haud perinde gemmæ et aurum miraculo essent, solita pridem et luxu vulgata, quam arva et stagna, et in modum solitudinum hinc silvæ, inde aperta spatia et prospectus ; magistris et machinatoribus Severo et Celere quibus ingenium et audacia erat, etiam quæ natura denegavisset, per artem tentare et viribus principis illudere. *Annales*, LXV, xlii. — C'est après l'incendie de Rome qui commença le 19 juillet 64 et dura neuf jours que Néron se tailla entre le Palatin et l'Esquilin l'habitation qu'il appela la Maison dorée. Les Romains construisaient vite et bien, on peut donc admettre que le palais lui-même ait été élevé rapidement, toutefois il était incomplet quand Néron mourut, quatre années plus tard. Mais Tacite nous parle de forêts, *silvæ*, or, même avec un peuple d'esclaves, on n'improvise pas des forêts ; peut-être les Romains connaissaient-ils les procédés employés après bien des siècles par Louis XIV pour transporter de grands arbres dont au surplus « les trois quarts mouraient ». Peut-être aussi avons-nous ici une hyperbole déclamatoire de Tacite, c'est un facteur dont il faut toujours tenir compte quand on invoque un témoignage romain. En tout cas la Maison dorée était loin d'être achevée en 68, puisque Othon fit voter 50.000.000 de sesterces — plus de 12.000.000 — pour la terminer.

espaces libres sont en pâturages ; et entendons qu'en
ces temps de travail servile, une villa n'est pas seulement une maison de plaisance, mais une colonie agri-
cole et industrielle qui se suffit à elle-même et dont
les temps modernes nous offriraient une image assez
exacte dans les abbayes cisterciennes.

La décadence commença dès le ive siècle pour la campagne romaine ; déjà les derniers empereurs avaient
peu résidé à Rome qui conservait encore son prestige
immémorial et officiel, mais il allait être atteint sans
retour par le transfert de la capitale à Constantinople
en 330. Naturellement la vie commença de se retirer
des dehors, et la campagne fut si bien abandonnée
que dès la mort de Théodose en 395, un document
officiel porte à une superficie représentant plus de
100.000 hectares le total des terres délaissées. Le
pillage, les destructions naturelles et de main d'homme
amenèrent la disparition rapide de maintes villas dont
beaucoup étaient construites en matériaux légers. La
plaine n'avait été assainie que grâce à de puissants
travaux de drainage, aussi les eaux cessant d'être dis-
ciplinées, se répandirent-elles au hasard en suivant les
pentes, s'accumulant dans les plis du sol en marécages
sans écoulement, envahissant les substructions épar-
gnées et la fièvre reprit possession de son domaine.
Puis vinrent les invasions et ce fut le dernier coup ;
des kilomètres d'aqueducs s'écroulèrent et les sources
amenées de si loin se perdirent (1).

(1) A en croire les écrivains latins, dès le ier siècle de l'ère chrétienne, l'empire et surtout l'Italie se vidaient ; la Grande Grèce, dont
la prospérité avait été inouie, le Samnium étaient dépeuplés.
« Qui veut voir des déserts, disait Sénèque, peut aller dans la Luca-

Maìs si réitérées qu'aient été les invasions, on comprend mal, étant donnés les moyens enfantins dont disposaient les barbares, que tant de constructions aient pu se volatiliser sans laisser d'autres traces d'elles-mêmes que des racines ensevelies. Comment ont été détruits tant d'aqueducs dont les décombres mêmes ont disparu? On comprend qu'une ville délaissée qui se repeuple — ainsi est-il arrivé de Rome après le retour d'Avignon — devienne une carrière, les monuments se remplacent sur la terre comme les hommes, et aucun respect de l'histoire ou de l'art ne sera assez fort pour empêcher de puiser aux matériaux que l'on a sous la main au lieu d'en aller extraire au loin. Toutefois, en faisant la part la plus large aux actions naturelles et au fait de l'homme, au vandalisme enragé des invasions et au pillage pendant des siècles, une si complète abolition a de quoi surprendre. Mais le fait est là et depuis le haut moyen âge la Campagne romaine est un désert, plus noble cependant que triste aux yeux de celui qui ne la contemple pas en économiste ; elle est vraiment le seul suaire digne de la grandeur antique disparue. Et je pense à cette parole : *Fortia facere et pati romanum est*, une belle et juste devise à mettre en épigraphe à l'histoire romaine (1).

---

nie et le Brutium. » Tout ce qui n'était pas villas était désert. Le mal avait commencé dès le règne d'Auguste qui essaya de l'enrayer, se continua sous ses successeurs et se ralentit à peine sous les Antonins. Après tout, comme pour les satiriques, il faut faire la part de la déclamation.

(1) Il est à peine besoin de dire que l'homme de société qu'était Charles de Brosses ne comprit rien à la beauté de la Campagne romaine. Voici ce qu'il en dit — *Lettres familières écrites d'Italie à quelques amis en 1739 et 1740* — XLVIII, à M. de Neuilly ; il s'a-

2*

Et quelle lumière sur ces étendues mornes ! Celle de notre Claude Lorrain, et c'est tout dire plus idéale, semble-t-il, que réelle, vraie pourtant. Aucun peintre italien, selon moi, n'en a si parfaitement exprimé l'harmonie à la fois douce et forte, les ombres délicates, le calme souverain. Mais pourquoi Claude a-t-il peuplé ses tableaux de ces arbres quelconques qui semblent venir des paysages de Perelle et de Jacques van Arthois ? Quant aux architectures, ce sont surtout des fabriques italiennes et non antiques.

Cependant le train a franchi un des nombreux méandres du Teverone, l'ancien Anio, sur le pont Mammolo, qui doit son nom à Julia Mammea, la mère d'Alexandre Sévère ; le petit fleuve, navigable autrefois, se montre encaissé, glauque, reposé des cascades et cascatelles. C'est dans une de ces boucles et pas loin d'ici que l'on place le Mont Sacré, où deux fois, en 493 et en 449 av. J.-C., les plébéiens se retirèrent en donnant l'exemple des premières grèves sociales et créant une expression proverbiale à l'usage des orateurs classiques. Mais la colline, dont je connais à

git d'une excursion aux monts Albains, aux lacs, et aux villas de Frascati. « Ce voyage est agréable, mais moins qu'on ne le dit. Il faut toujours traverser cette désolée campagne de Rome, où l'on n'aperçoit d'autre objet satisfaisant que les ruines des anciens aqueducs.... On vante beaucoup les vues de Frascati et de Tivoli ; je ne puis les admirer autant que j'aurais voulu... Elles seraient admirables si cette campagne était ornée, bâtie et peuplée comme elle pourrait l'être. Mais qu'est-ce qu'une longue vue sur une plaine déserte ? » Il avait déjà parlé de la Campagne dans la lettre XXXVI au même Neuilly, de cette campagne « où l'on n'aperçoit, à la lettre, ni une seule maison, ni un seul arbrisseau.... Qu'est-ce que la vue d'une plaine étendue, mais aride et déserte ? » Quant à la lumière romaine, l'aimable Dijonnais n'en parle même pas.

peu près l'emplacement par les cartes, se perd dans un enchevêtrement de montagnes plus hautes au seuil de la Sabine. D'ailleurs la désignation est-elle si certaine que cela ?

Sur la gauche passe rapidement une falaise de quelques mètres, où, pour exploiter l'excellent tuf volcanique de la campagne, on a creusé plusieurs grottes ; et je me rappelle la mort de Néron contée par Suétone dans un récit dont celui de Tacite, que nous n'avons plus, ne pouvait dépasser la simplicité tragique. Reportons-nous à la nuit du 8 au 9 juin de l'an 68 ; le fils de Cneius Domitius Ænobarbus et d'Agrippine a 31 ans (1), et, oh, le grand coup de pinceau, « après l'avoir supporté quatorze ans, dit Suétone, le monde le quitta — Talem principem paulo minus quatuordecim annos perpessus, terrarum orbis tandem destituit.» — « Je ne puis trouver ni un ami ni un ennemi », s'écrie le misérable, un beau mot de rhéteur, et vrai. Il a couru, en effet, à travers son palais déserté, le gladiateur habile à tuer a disparu, et on a volé la boîte d'or où Locuste avait préparé à l'impérial cabotin une pharmacie de ses meilleurs poisons. Cependant un de ses affranchis, Phaon, lui offre un asile précaire dans une villa qu'il possède vers le 4° mille — environ 6 kilomètres — entre les voies Salaria et Nomentana ; à Phaon se sont joints deux autres affranchis, Epaphrodite, son secrétaire « a libellis » et Sporus. Ils sont à cheval et, pour n'être pas reconnu, l'empereur se cache le visage dans un mouchoir. Néron est un lourd

---

(1) Il était né à Antium, neuf mois après la mort de Tibère, le 18 des calendes de janvier 38 ap. J.-C., — 15 décembre 37.

jeune homme bouffi, à ventre saillant sur des jambes grêles, et myope. Ses bustes nous montrent, comme dit Chateaubriand, un « visage gros et rond, enfoncé vers les yeux de manière que le front et le menton avancent, l'air d'un esclave grec débauché ». En historien réaliste, Suétone ne nous laisse pas ignorer que son corps de roux était couvert de taches, et, malgré l'usage des bains et des parfums, n'avait pas la vertu de celui d'Alexandre dont la sueur embaumait (1). Les Ænobarbi dont il était par son père se distinguaient immémorialement par leur barbe et leur chevelure rousses, d'où leur *cognomen*, Barbe-d'Airain. Phaon, qui se sent poursuivi, propose au fugitif de se cacher dans l'excavation d'une sablonnière, pendant que l'on perçait la muraille de la villa pour l'y introduire secrètement. « Je ne veux pas m'enterrer vivant (2) », répond l'empereur ; encore un mot à effet, et il en aura jusqu'à la fin. On sait le reste.

Cependant se rapprochent les hauteurs de Tivoli et de plus en plus les formes naturelles ou de travail humain se précisent ; toutefois la ville n'est encore qu'un tohu-bohu de masures grises et rougeâtres. Au-dessous, vieux comme le vieux Tibur, dévalent les célèbres bois d'oliviers ; rien ne ressemble moins à nos forêts aux verdures serrées ; l'olivier, en effet, forme des futaies fort clairsemées, aux amples mais légères fron-

---

(1) Statura fuit prope justa, corpore maculoso et lætido ; sufflavo capillo, vultu pulchro magis quam venusto, oculis cæsiis et hebetioribus, cervice obesa, ventro projecto, gracillimis cruribus, valetudine prospera. Suétone, LI.

(2) Ibi hortante eodem Phaone, ut interim in specum egestæ arenæ concederet, negavit « se vivum sub terram iturum ». Id., XLVIII.

daisons, irradiant en tout sens et dont l'ombre n'est jamais qu'une demi-lumière diffuse et blonde.

Un nouveau méandre de l'Anio est franchi sur le pont Lucano, et tout auprès voici une grosse tour ronde qui rappelle, mais sans le beau revêtement de marbre, le tombeau de Cecilia Metella sur la voie Appienne. Comme celui-ci, il est couronné de créneaux du moyen âge. C'est la sépulture des Plauti, une famille originaire de Tibur et fort ancienne ; sous Néron, elle était représentée par un patricien, Rubellius Plautus, jeune, de mœurs austères, vivant retiré en homme qui voudrait bien faire oublier qu'il était le petit-fils, par les femmes, de Drusus, le frère de Tibère. Mais, comme dit Tacite « Plus la crainte le faisait se cacher, plus la renommée s'attachait à lui — Quantoque metu occultior, tanto plus famæ adeptus » (1) ; si bien que le peuple voyait en lui le successeur de Néron, et une comète, qui apparut à ce moment, fut considérée comme le présage d'un changement de règne. Peu après Néron festinant à Sublaqueum, la foudre tomba sur la table qu'elle brisa, en dispersant les mets sans toucher aux convives. Bien entendu l'empereur affolé consulta les devins ; ceux-ci, fort en peine pour lui donner l'interprétation qu'il pouvait souhaiter, ima-ginèrent de lui répondre que les Plauti étant originaires de Tibur — à 30 milles, 40 kilomètres, de Sublaqueum ! — le signe concernait manifestement Rubellius Plau-tus. Néron cette fois se montra clément et se contenta de faire savoir au coupable qu'il ferait bien de se dérober à de compromettants amis en allant vivre

(1) *Annales*, l. XIV, 22.

dans ses biens d'Asie. C'était un ordre d'exil, et Rubellius partit avec sa femme Antistia, ses enfants et
quelques amis. Mais Néron se ravisa, et Tigellinus
n'eut aucune peine à lui prouver que Plautus était
trop près des légions d'Asie commandées par Corbulon déjà suspect ; il le dénonça en même temps que
le dernier des Sylla vivant pauvre à Marseille et
d'autant plus dangereux. Plautus, lui, était immen-
sément riche, autre manière d'être redoutable, et il
ne daignait même pas feindre du goût pour la vie de
tout le monde. Au contraire il se posait en imitateur
des anciens Romains et des stoïciens. On envoya donc
tuer Sylla et Plautus. Un affranchi dépêché par le
beau-père de ce dernier, Antistius, arriva bien en
Asie avant les assassins, suppliant Plautus, au nom de
ses amis, de ne pas s'abandonner, mais résister à
César ! Un peu plus tard, Corbulon, général vainqueur, à la tête d'une armée dévouée, ne l'essaiera
même pas. Un centurion tua Plautus pendant qu'il
faisait de l'exercice et, selon l'usage, sa tête fut en-
voyée à Rome.

Mais sur la droite, à quelques centaines de mètres
de la voie, se montrent, mêlés à de grands pins, des
murs ruinés et rougeâtres, c'est la villa d'Hadrien,
un des lieux les plus suggestifs de cette terre entre
toutes historique. Le président de Brosses, qui en dit
quelques mots à la fin de sa lettre XLIIIᵉ, à M. de Neuilly,
ne semble pas s'y être arrêté. Chateaubriand l'a
visitée il y a un siècle, et décrite dans une lettre à
Fontanes du 12 décembre 1803. Ce sont des pages
romantiques, abondantes en antithèses faciles entre
le passé impérial et le présent rustique, mais la vision

des choses est exacte (1), sans toutefois, que la lettre de 1803 égale celle du 10 janvier 1804 sur la campagne de Rome, qui est un chef-d'œuvre absolu. « En prose il n'y a rien au delà (2). »

II

Hadrien est une figure originale, presque moderne, et dont le portrait tente la plume. La famille Ælia, originaire du Picenum aux olives renommées, et de la petite ville d'Hadria (3), alla chercher fortune en Espagne dans la riche Bétique, à Italica, cette ville romaine fondée par Scipion pour rivaliser avec Hispalis, Séville. Les Ælii s'y allièrent à la famille Ulpia dont sortit Trajan né à Italica en 52, et vinrent probablement s'établir à Rome au temps où le futur empereur commença d'y remplir un rôle important aux armées. C'est à Rome que, le 9 des calendes de janvier 76 — 24 décembre 75 — sous le VIIe consulat

(1) Je place ici une observation toute littéraire ; on remarque, dans la lettre de 1803, ce souci oratoire et de tradition romaine, de finir par quelque chose de brillant, pensée ou image. C'est une recherche fort étrangère aux Grecs, les moins littérateurs des hommes, mais que ne dédaignaient pas les plus grands des Latins, à commencer par Tacite. J'imagine que le goût en vint à Rome de l'habitude qu'avaient les auteurs de lire leurs œuvres en public. On tenait à laisser les auditeurs, à la fin d'un chapitre ou de la lecture, sous l'impression d'un beau point d'orgue propre à amener ce que Molière appelle le « brouhaha ».

(2) Sainte-Beuve.

(3) Le Picenum s'étendait au-dessus d'Ancone sur la mer Adriatique. Hadria est aujourd'hui Atri, dans l'Abruzze ultérieure.

de Vespasien et le VIIIᵉ de Titus, naquit Publius Ælius
Hadrianus d'un père romain et d'une mère, Domitilla
Paulina, née à Gadès (1). Il les perdit fort jeune,
eut son parent Trajan pour tuteur, et quand celui-ci,
adopté par Nerva en 96, devint empereur en 98, il fit
la fortune de son pupille et le maria à sa petite nièce
et plus proche héritière, Julia Sabina. Comme les Flaviens, les Ulpiens et les Antonins, les Ælii apparte-
naient donc à cette haute et solide bourgeoisie romaine
qui allait donner au monde le plus beau siècle de l'histoire. Hadrien fit toutes les guerres de Trajan, se
montra excellent officier général, actif, brave, pru-
dent, et bien que très sobre par nature, savait se
montrer bon convive, ce qui n'était pas pour déplaire
à Trajan dont le goût pour les débauches de la
table est trop connu.

L'opinion publique considérait Hadrien comme le
successeur nécessaire du grand empereur guerrier.
Cependant l'adoption ne fut déclarée, et encore mit-
on le fait en doute, que dans les tout derniers jours
de la vie de Trajan ; quant à la désignation d'Hadrien
pour successeur, elle ne semble pas avoir eu lieu. On
a même raconté que, par une supercherie digne du

(1) La source principale pour la biographie d'Hadrien est dans
l'*Histoire auguste* qui est due à six auteurs. L'un d'eux, Ælius
Spartianus, qui vivait sous Dioclétien et Constantin, a écrit les vies
de Hadrien, Ælius Verus, Didius Julianus, Septime Sévère, Pescenius
Niger, Caracalla et Géta ; la vie d'Hadrien, la première, et assurément la meilleure, est dédiée à Dioclétien. Ce sont des morceaux
d'une latinité de décadence, mais précieux pour l'histoire docu-
mentaire, et on les peut comparer, d'un peu loin toutefois, avec
les *Césars* de Suétone.

M. Duruy fait naître Hadrien, je ne sais pourquoi, le 24 janvier
76, cependant le témoignage de Spartien est formel.

Légataire universel, Trajan étant déjà mort, un comparse aposté derrière les courtines du lit prononça d'une voix éteinte les paroles sacramentelles qui allaient faire un empereur.

Quoi qu'il en soit, c'est à la femme de Trajan, Plotine, que Adrien dut l'empire. Dion Cassius, LXIX, 1 et 10, insinue que la prédilection de l'impératrice pour son petit-neveu n'avait pas pour cause une tendresse toute maternelle ; ce témoignage isolé n'est pas décisif ; les historiens contemporains et postérieurs sont d'accord pour affirmer la dignité, la sévérité des mœurs de Plotine, et M. Duruy invoque son âge, ce qui, à la vérité, ne prouve rien contre la possibilité d'une passion attardée. Tout de même le plus probable est que, avec l'instinct d'une femme, d'une impératrice, d'une Romaine, Plotine sut vouloir et imposer le successeur que n'avait pas eu le temps de désigner l'empereur mourant (1).

Hadrien résidait à Antioche comme gouverneur de Syrie lorsque, le 11 août 117, il apprit, par un courrier rapide de Plotine, que l'empereur venait de mourir à Sélinunte, en Cilicie. Il fut proclamé le même jour et sans difficulté, mais ne fit son entrée à Rome que l'année suivante.

Il arrivait au pouvoir avec un programme arrêté et bien entendu, tout différent de celui de son prédécesseur. Cet homme, dont nul ne contestait les talents militaires et le courage, qui avait fait la guerre avec décision et succès, la détestait ; pour lui, celles de Trajan en Asie avaient été des guerres de magnificence et

(1) Je ne puis croire qu'un Trajan n'aurait pas, de parti pris, assuré la transmission du pouvoir, et imagine plutôt qu'il y eut une surprise de la mort.

inutiles ; l'empire était assez grand et devait assurer
ses frontières au lieu de les étendre sans fin. Il fit
donc la paix avec les Parthes, renonça aux provinces
au delà du Tigre et de l'Euphrate, que Trajan avait
parcourues mais non conquises, laissa même établir
un roi en Arménie, toutefois conserva le royaume des
Nabatéens. Quant à la Dacie, cette brillante et utile
conquête de Trajan, non seulement il ne l'abandonna
pas, mais il y favorisa l'immigration romaine, et ne
fit pas rompre, comme on l'en a accusé, le pont d'Apollodore sur le Danube demeuré fleuve de l'empire et
non limite. Enfin il fit reconnaître par Arrien de Nico-
médie le périple entier de l'Euxin.

Puis il se mit à parcourir toutes les provinces ; ce
fut le plus voyageur des princes, non à la manière
d'un Caligula et d'un Néron, mais en père de famille
vigilant qui, maitre de tout, se sent responsable de
tout et ne se montre pas aux peuples seulement pour
recevoir des hommages et se faire donner des fêtes. Il
voit les choses par lui-même, met l'ordre dans les
administrations impériales et locales, surtout dans les
finances, modère les impôts et les répartit plus équi-
tablement. Sa mémoire prodigieuse vient en aide à
l'esprit le plus aiguisé et Hadrien connaît les comptes
de l'empire comme un paterfamilias vigilant ceux de
sa maison (1).

(1) Les anciens cultivaient beaucoup plus leur mémoire que les
modernes ; dépourvus de maints instruments de travail qui y sup-
pléent pour nous dans une certaine mesure, ils étaient arrivés, par
l'hérédité des facultés acquises, à l'avoir excellente. Toutefois, il
convient de mettre les choses au point avec ces grands hableurs
qu'étaient les Grecs et les Romains. Il fallait que les hommes d'Etat
anciens connussent leurs soldats et le personnel de leur clientèle

Ses devoirs d'empereur scrupuleusement remplis, il donne libre satisfaction à ses goûts de curieux et d'artiste, *Curiositatum omnium explorator*, dit Tertullien. Il s'intéresse aux curiosités naturelles et recherche les impressions rares, ainsi il fait l'ascension de l'Etna pour voir lever le soleil ; il visite les monuments de la Grèce, entre sans garde à Athènes et se fait initier aux mystères d'Eleusis. Les antiquités égyptiennes avaient déjà attiré Germanicus qui, peu de temps avant sa mort, fit sur les bords du Nil un voyage, plus, nous dit Tacite, pour admirer les constructions des Pharaons et des Ptolémées que pour une inspection officielle (1). Le fils de Drusus remonta jusqu'à Thèbes, depuis des siècles déserte, et entendit ces craquements que l'imagination naïve et poétique des anciens prenait pour la voix du colosse de Memnon saluant sa mère l'Aurore. Ainsi fit Hadrien, mais l'Egypte, à tout prendre, le déçut et l'ennuya. Au cours de ses voyages, en Espagne, à Tarragone, se promenant seul, un esclave de son hôte se jeta sur lui pour le tuer ; il le désarma et, plus clément que Louis XV pour Damiens, l'empereur païen fit examiner le meurtrier par des médecins qui le déclarèrent fou ; Hadrien ordonna qu'on le soignât et continua sa promenade.

politique, aussi avaient-ils des esclaves dits nomenclateurs pour leur rappeler tant de noms divers ; mais un César, un Hadrien et bien d'autres n'en avaient pas plus besoin qu'un Vallenstein, ou, pour s'élever aux plus hauts sommets, qu'un Napoléon.

(1) V. sur le voyage de Germanicus, Tacite, *Annales*, l. II, lx, lxi. Tibère reprocha durement au jeune prince qu'il détestait d'être allé à Alexandrie sans son autorisation ; l'Egypte était dans l'empire une province à part et jalousement soumise à l'autorité impériale.

Sous sa main vigoureuse, l'empire prit une face nouvelle ; dans l'inscription triomphante d'Ancyre, qui est son testament d'empereur, Auguste a énuméré, et jamais la pierre n'a parlé un plus noble langage, les œuvres d'un principat de 45 années ; il aurait fallu un temple aussi grand que l'Olympéion d'Athènes, enfin terminé par lui, pour inscrire celles d'Hadrien. On citera seulement : en Angleterre ce retranchement qui, reconnaissable encore, unit les deux mers de l'embouchure de la Tyne au Solway, de Carlisle à Newcastle, sur une longueur de 100 kilomètres, énorme forteresse telle que rien de semblable n'a été élevé par les anciens, dont Hadrien choisit lui-même l'assiette et vit commencer les travaux ; la province nouvelle de Germanie n'avait pas de frontières naturelles, Hadrien lui en donna une en tirant de Moguntia, Mayence, à Augusta-Tibéria, Ratisbonne, d'autres lignes moins formidables que le rempart breton, mais suffisantes encore à contenir les barbares. A Athènes il bâtit toute une ville à côté de l'ancienne et jette entre elles cet arc tout romain dans son élégance et non grec, qui porte d'un côté l'inscription : « C'est ici Athènes la ville ancienne de Thésée, » et de l'autre : « C'est ici la ville d'Hadrien et non celle de Thésée. » Les grandes cités d'Asie, ravagées par des tremblements de terre, sortent plus magnifiques de leurs ruines. A Nîmes on lui attribue les Arènes et le pont du Gard, mais la basilique dédiée à Plotine et où il n'avait pas mis son nom, n'existe plus. Enfin, de l'Uscudama thrace, il fait Hadrianopolis, Andrinople, et rebâtit Jérusalem demeurée depuis Titus un désert de décombres où campait la Xe légion, Fretensis ; la nouvelle cité reçoit le nom de Ælia Capitolina, et jusqu'à la conquête arabe conservera son caractère à la fois romain et asiatique. Ainsi on y verra ce corso à portiques, grande voie traversant en ligne droite la ville entière du nord au sud, comme il en existait dans les capitales de l'Orient bâties sur le plan macédonien, Alexandrie, Antioche et Palmyre (1).

A Rome il élève la coupole du Panthéon (2), et le pont Ælien auquel il donna pour perspective son mausolée, Moles Hadriani, dont l'énorme noyau de briques est aujourd'hui le château Saint-Ange. Les colonnes en marbre violet et de Paros furent employées en 388 dans la nouvelle église Saint-Paul hors les murs (3), élevée par Valentinien II et Théodose sur l'emplacement du petit sanctuaire constantinien. Quant aux statues et groupes en marbre qui peuplaient les travées, ils servirent de projectiles contre les Goths pendant le long siège que subit Rome sous Justinien. Quel-

(1) En 1903, des fouilles exécutées à Madaba, en Palestine, pour asseoir les fondations d'une nouvelle église grecque, ont mis au jour une mosaïque donnant une image grossièrement naïve de l'ancienne Jérusalem au iv⁰ siècle ; elle est reproduite dans l'*Illustrazione italiana* du 8 novembre 1903, et on y voit, fort reconnaissable le corso en portiques dont il est question dans le texte.

(2) Il était admis, jusqu'à ces toutes dernières années, que, comme le portique lui-même, la coupole du Panthéon datait d'Agrippa ; et cependant le raccord est assez maladroit pour sauter aux yeux. Aussi s'exterminait-on à faire concorder le monument actuel avec les descriptions anciennes. Des sondages effectués par M. Chedanne, architecte pensionnaire à la villa Médicis, ont démontré, par les dates des briques employées, que la rotonde datait seulement d'Hadrien. On notera comme un trait de bon goût que l'empereur ne signait pas volontiers ses œuvres monumentales.

(3) Elles ont disparu dans l'incendie du 6 juillet 1823 et sont remplacées dans la nouvelle église par des colonnes de granit gris d'un effet un peu triste.

ques morceaux en ont été recueillis au xviie siècle parmi les décombres amoncelés, entre autres le faune Barberini, aujourd'hui au musée de Munich, et il est d'une beauté qui suffit à montrer ce qu'était encore la statuaire dans la première moitié du iie siècle; du reste, la décadence va se précipiter tandis que l'architecture se maintiendra encore pendant un siècle et demi, sinon dans sa pureté, du moins dans sa grandeur. Mais l'œuvre monumentale la plus importante d'Hadrien en Italie est sa villa de Tibur, sur laquelle je ne reviendrai qu'après avoir achevé de tracer le portrait du prince singulier qui l'a créée.

A tant de traits marquant de la grandeur dans la conception de son rôle impérial, il convient d'en ajouter d'autres qui font d'Hadrien un des législateurs les plus humains du monde antique. J'imagine qu'il a maintenu et développé les belles institutions de Trajan sur l'assistance publique, les *Pueri alimentarii*, et sans doute ses biographes lui font seulement un mérite de ce qui lui est personnel. Il ne supprima pas l'esclavage, cette plate-forme du monde antique, et on ne le lui saurait reprocher, pas plus qu'à Antonin et à Marc-Aurèle, puisque le christianisme lui-même y a mis plus de quinze siècles ; mais il l'humanisa, adoucit le sort des esclaves en abolissant définitivement le droit de vie et de mort du maître, en faisant fermer ces épouvantables prisons privées, les *ergastula,* où on laissait pourrir les esclaves et même les affranchis. Il édicta de plus que l'on ne pourrait vendre un ou une esclave à un marchand ou à un entrepreneur de prostitution, sans donner des motifs (1). Son Édit per-

(1) Il ne faut pas juger les empereurs et les patriciens sur

péluel, condensation de la législation et de la jurisprudence romaine à leur apogée, sera jusqu'à Justinien le code de l'Empire. Sur son siège de juge, il montrait tant de scrupule pour arriver à la vérité que, par ses questions et objections, il lassait ses assesseurs plus habitués à décider et à saisir le nœud des affaires. Un des grands abus du régime impérial était l'usage d'instituer l'empereur pour héritier ou légataire ; Hadrien déclara, et il tint parole, qu'il n'accepterait aucun legs d'inconnu, non plus que d'un père de famille, fût-il son intime ami. Il était impitoyable pour ceux qui

quelques exceptions monstrueuses, non plus que la classe populaire sur la plèbe qui grouillait sur les gradins des amphithéâtres. La législation humaine d'Hadrien prouve, nous le savons du reste par tous les témoignages contemporains, que, sauf quelques exceptions, le sort des esclaves n'était nullement malheureux. Pline — lettre à Paulinus — est pour ses esclaves un vrai père de famille ; à Laurentum, ils occupent, ceux du moins qui approchent la personne du maître, des chambres confortables et propres à être offertes à des hôtes. Quand sont mises en vigueur des lois comme celles d'Hadrien, on peut affirmer qu'elles ne font que codifier les usages passés dans les mœurs du plus grand nombre. Les preuves de dévouement données aux maîtres par les esclaves et les affranchis sont abondantes ; ainsi on a vu que Néron, abandonné de tous, trouva encore quelques fidèles pour se compromettre en ne l'abandonnant pas ; Martial cite, III, 21, *In crudelem dominum*, le trait fort admiré d'un esclave marqué au front qui sauva son maître proscrit. Quant aux pauvres gens, *humiliores*, il y avait dans la masse un fond solide d'honnêteté et c'est ce qui a permis au christianisme de s'y infiltrer si vite, et de développer, de grandir des vertus qui sommeillaient dans les couches populaires, mais y existaient en germe. Les supplices offerts en spectacle dans le *piaculum* qui suivit l'incendie de Rome, en 64, ne furent pas sans exciter de la pitié. Et quand, peu auparavant, vers le temps de la venue de saint Paul à Rome, le préfet de la ville, Pedanius Secundus, eut été assassiné par un de ses esclaves, et que réprimant une velléité de miséricorde, le Sénat eut condamné à mort, en vertu d'une ancienne loi, tout le personnel servile vivant sous le même

faisaient trafic de leur crédit vrai ou supposé, enfin sous son règne il n'y eut pas de persécution officielle contre les chrétiens. Sa femme Julia Sabina, dont il n'eut pas d'enfant, paraît avoir été d'un caractère assez insupportable, mais ne voulant pas provoquer un scandale public, il se refusa toujours à la répudier, et se montra avec elle, surtout dans ses correspondances, affectueux et déférent; elle l'accompagna même dans plusieurs voyages, notamment en Egypte. Enfin il abolit de fait les poursuites en vertu de la loi de majesté et fit cesser les derniers sacrifices humains offerts à Moloch et à Mithra.

Tout cela est digne des plus hautes louanges de l'histoire; mais jamais on ne vit mieux apparaître qu'en Hadrien ce singulier dédoublement qui fait parfois de l'homme public et de l'homme privé le contraire l'un de l'autre. Le plus souvent l'homme privé est digne d'estime et l'homme public mauvais; il en fut ainsi de maints terroristes; chez Hadrien, c'est l'homme privé qui mérite toute sévérité. D'abord ses

toit, il y eut une émeute populaire pour empêcher cette exécution de 400 personnes de tout âge et de tout sexe! Si bien que, pour rendre possible la tuerie, Néron dut faire déployer un formidable appareil militaire. Tacite, *Annales*, XIV, 22 et suiv., donne le discours d'un conservateur féroce, le jurisconsulte Caius Cassius, qui inclina définitivement à la sévérité le sénat hésitant. C'est bien entendu une composition littéraire, mais elle donne certainement une idée exacte de ce qui fut dit.

Ainsi donc, philosophie et stoïcisme dans les hautes classes, développement par le christianisme des germes de vertus existant dans la masse des petites gens, tout concourut à l'adoucissement général des mœurs. Et si, selon une parole célèbre, un peuple a toujours le gouvernement qu'il mérite, on peut dire que le monde antique du IIe siècle n'était pas indigne d'être gouverné par ceux que l'histoire désigne sous le nom général de : les Antonins.

mœurs étaient détestables ; ce fut toujours, et au pire sens du terme, un débauché, et je ne dis pas seulement cela à cause d'Antinoüs, ce jeune et bel affranchi bithynien au regard sombre qu'il aima et regretta trop. Sobre d'ailleurs — Domitien l'était bien — sachant se contenter en expédition ou en voyage du lard et de la cervoise du légionnaire, il faisait son plus grand régal d'un plat appelé le *Tetrapharmaca*, composé de chair de faisan, de tétines de truie — mets fort apprécié des Romains — et de jambon dans une croûte, le pâté classique en un mot (1), ce qui nous éloigne singulièrement des recherches dépravées d'un Néron, d'un Vitellius ou d'un Elagabale. De relations privées il était plutôt désagréable, surtout à cause de la mobi-

(1) Il faut beaucoup rabattre de la tradition qui fait des Romains des gourmands et des goinfres ; assurément il y eut, au point de vue de la table, des exceptions et monstrueuses, mais le Romain moyen était plutôt sobre et vivait surtout de légumes et d'œufs. Ainsi nous avons le menu d'un souper préparé par Pline le Jeune pour un ami, Septitius Clarus, qui ne vint pas, et il se composait d'escargots, d'œufs, de courge, d'échalottes, d'olives, de gâteaux et de vin miellé. On peut rapprocher le souper de Pline de celui que Martial offre à son ami Turanius, V, 78, du thon servi avec des œufs coupés en tranches, un chou, du boudin à la sauce blanche, des fèves au lard, des olives, du raisin sec, des poires de Syrie et des châtaignes. L'énumération est longue mais la chère, à tout prendre, fort simple. Le même poète nous parle, IV, 78, d'un repas chez Varus où le service était magnifique et le menu des plus pauvres. Tacite, *Annales*, II, 55, nous dit expressément que, excessif pendant le siècle qui suivit la bataille d'Actium, le luxe de la table tomba peu à peu ensuite. Après les longues guerres civiles, les proscriptions et les ruines publiques et privées, il y eut — le même fait se produisit après la Révolution française — une explosion de sensualité, de joie de vivre; puis la simplicité romaine reprit pour un temps le dessus. Le fameux repas de Trimalchion, dans le *Satyricon*, est ridicule plutôt que recherché; d'ailleurs, il s'agit d'un parvenu grotesque et nous sommes au temps de Néron.

3*

lité extrême de son caractère ; en effet il se montrait
tour à tour, nous dit Spartien, sévère et gai ; affable
et maussade ; plein d'abandon et renfermé ; avare et
libéral, dissimulé, cruel et clément (1). Avec cela
moqueur impitoyable, en homme qui peut tout dire
et de qui l'on doit tout souffrir, ses jeux étaient jeux
de prince et ne plaisaient qu'à lui ; ainsi il aimait à
discuter avec les gens de lettres et les sophistes, à
les pousser à bout, à les humilier par son persiflage ;
et comme on reprochait un jour au sophiste Favo-
rinus d'avoir trop aisément cédé à l'empereur : « Eh !
le moyen, répondit-il, de discuter avec un homme
qui commande à trente légions. » Le mot a servi
depuis. Enfin il avait des curiosités vilaines et dignes
d'un Louis XV ennuyé ; ainsi il faisait épier les gens
de son entourage pour savoir leurs secrets et sous son
règne le cabinet noir ne chôma jamais. En vérité la
vie de château devait être plutôt désagréable dans le
palais de Tibur.

Du reste il est de culture raffinée et bien différent
du rude soldat que fut Trajan ; même il y eut quelque
excès ; ainsi il voulut tout connaître, la médecine, l'a-
rithmétique, la géométrie, la musique ; il peignait,
— surtout des natures mortes et se vantait de réussir
à la perfection les citrouilles — sculptait, faisait des
vers, des vers de prince. Il était très versé en astrolo-

____

(1) Idem severus, lætus ; comis, gravis ; lascivus, cunctator ;
tenax, liberalis, simulator, sævus, clemens, et semper in omnibus
varius, Spartien, XII. On pense à ce personnage dont Martial parle
dans son épigramme 7e du L. XVII :

Difficilis, facilis, jucundus, acerbus es idem :
Nec tecum possum vivere nec sine te.

gie et se mêlait d'architecture ; ainsi il donna les plans
du temple de Vénus et Rome dont on voit encore les
ruines à Rome non loin du Colysée ; j'imagine qu'il
avait auprès de lui un homme du métier pour mettre au
point ses croquis d'amateur. Et à ce sujet, on rap-
porte qu'Apollodore, le grand architecte de Trajan,
l'homme universel qui jeta le pont sur le Danube,
éleva la colonne Trajane, et modernisa l'armement
offensif et défensif des légions, s'avisa de critiquer,
mal à propos d'ailleurs (1), l'œuvre impériale, si bien
que dans un accès inattendu de néronisme, Hadrien
imposa silence au plaisant malencontreux en le faisant
tuer. Ainsi l'artiste aurait été moins clément en lui
que le prince dont on cite la belle parole dite, quand
il devint empereur, à un de ses ennemis les plus dé-
clarés : « Vous voilà sauvé, « Evasisti » (2). » Tout de
même, l'anecdote relative à Apollodore est-elle historique ? A la vérité on la trouve dans l'*Histoire romaine*
de Dion Cassius, mais non dans Spartien peu favo-
rable cependant à Hadrien, et biographe beaucoup plus
complet.

Il avait eu, dit-on, Plutarque pour précepteur et,
comme les jeunes gens de la haute classe, fait le
séjour obligatoire d'Athènes. Aussi se vantait-il de
parler mieux le grec que le latin, et curieux du rare
en toutes choses, sans rien avoir cependant du cabo-
tinage néronien, préférait la *Thébaïde* d'Antimaque,
à l'*Iliade* et à l'*Odyssée*, Caton à Cicéron, Ennius à

---

(1) Il dit que si la statue assise se levait, elle se cognerait le front
contre la toiture : et le Jupiter Olympien de Phidias, donc ?

(2) Après tout c'est un mot officiel et fait pour être répété. Néron et les pires empereurs en ont eu de semblables.

Virgile (1), Cœlius Antipater, historien du vııe siècle,
auteur d'une *Seconde guerre punique*, à Salluste.
Peut-être y mettait-il un peu d'affectation ; qui dira
où finit le naturel, et où commence le dilettantisme ?
D'ailleurs un des caractères de ces civilisations arri-
vées à leur plus haut période et déjà décadentes,
est le goût pour les exotiques et les primitifs de la
littérature et de l'art. On aime toujours les qualités que
l'on n'a pas, surtout celles que l'on n'a plus.

Hadrien était grand, bien fait, — d'ailleurs quand ils
ne sont pas difformes, les princes vivants passent
sans peine pour les plus beaux hommes de leur temps.
Il avait remis en honneur le port de la barbe aboli à
Rome depuis que Scipion l'Africain imagina de couper la sienne à 40 ans ; l'empereur, disent les biographes, avait certaines cicatrices à cacher, ce qui sonne
mal. Comme tous les Romains de haute éducation, il
était très soigné de sa personne, surtout de sa chevelure, et excellait dans les divers sports du temps ; son
agilité et sa force lui sauvèrent la vie dans la tentative
d'assassinat dont j'ai parlé. Il montait à cheval en

---

(1) Il ne faudrait pas croire, d'ailleurs, que le vieil Ennius fût
ignoré ou méprisé de la société polie romaine, comme la *Chanson
de Roland* des lettrés du xvııe siècle. Le Romain, cet Anglais formaliste de l'antiquité, avait trop d'orgueil pour renier ses lointains ancêtres, et Horace nous témoigne du respect que l'on avait de son
temps pour Ennius, qui avait été à la fois un soldat, un philosophe,
élève de Pythagore et un poète :

> Ennius, et sapiens et fortis, et alter Homerus,
> Ut critici dicunt.....
>   Epist. II — 1 Ad Augustum.

Un autre Homère, le mot y est, et dit à Auguste, il a plus de va-
leur encore.

perfection, et aimait tant les chevaux qu'il élevait aux siens des monuments dont il composait les épitaphes. D'ailleurs les Romains furent des cavaliers incomparables et c'était un jeu pour Jules César de galoper les bras croisés sur la poitrine : tour de force d'autant plus surprenant qu'on ignorait l'usage des étriers. Hadrien était aussi grand chasseur (1) et allait en toute saison tête nue, ce qui, d'après Spartien, causa la maladie dont il mourut.

Les bustes expriment bien ce qu'il y a de moderne, de compliqué dans cette physionomie d'homme et de souverain. Il s'en voit plusieurs au Louvre et de différents âges mais qui ne peuvent soutenir la comparaison avec celui du Vatican (2) ; plus grand que nature, i lest en marbre pentélique et provient du mausolée ; on le peut donc considérer comme un portrait type quoique sans doute plus ou moins idéalisé. L'arrangement de la chevelure sent l'artifice, mais c'est un trait de caractère.

Hadrien n'aimait pas Rome qui le rendait bien au prince toujours en voyage ; aussi dès les premières

(1) Il fonda une ville, Hadrianothère, dans un lieu où il avait fait une belle chasse à l'ours.

(2) Dans la salle ronde du musée Pio Clementino. Les Romains, les plus grands amateurs de beaux matériaux et de marbres qui furent jamais, dédaignaient les marbres blancs d'Italie. La place de la statue à laquelle appartenait le buste dont il s'agit n'est pas connue ; mais il est impossible qu'un tel colosse ait été élevé à la pointe du faîtage, comme on l'a dit ; les Romains ne hissaient à une pareille hauteur que des statues de bronze. Le fleuron terminal du mausolée d'Hadrien était plutôt la grosse pomme de pin en bronze que l'on voit au Vatican, dans la cour de la Pigna, et qui a pour elle non seulement la possession immémoriale mais encore toutes les vraisemblances.

années de son règne, résolut-il de se construire pour ses vieux jours une retraite à son goût. Comme les despotes orientaux, les Romains, princes ou « privati », délaissaient volontiers les habitations de leurs prédécesseurs pour s'en créer d'autres à leur mesure. Hadrien choisit, pour établir sa villa, un ressaut de la plaine, au-dessous et au sud des pentes de Tibur, dont il est séparé par un vallon, où coule un ruisseau ferrugineux affluent de l'Anio. Cicéron admirait que Romulus eût choisi, pour bâtir sa ville, un lieu salubre dans une région malsaine ; c'est de la littérature, la vérité est que Rome fut toujours hantée par les pires fièvres et que le printemps et l'automne, sans parler de l'été, y faisaient ouvrir force testaments. Aussi le riche fuyait-il au loin ; or, bien qu'humide (1), l'air de Tibur passait pour excellent et on l'opposait à celui de la Sardaigne réputé le plus mauvais de l'empire ; c'est même là que l'on envoyait les gens dont on voulait se débarrasser, et d'un coup Tibère y expédia 4000 hommes de race d'affranchis accusés de pratiques égyptiennes ou judaïques, et en âge de servir contre les brigands de l'île. « Si ob gravitatem cœli interissent, vile damnum », dit négligemment Tacite (2). Aussi le nom de la terre maudite était-il devenu synonyme de mort, ce qui fait dire à Martial :

(1) C'est précisément cette fraîcheur un peu humide et si différente de la sécheresse accablante et de la poussière de Rome en été, qui charmait les Romains à Tibur. Aussi l'épithète de « humide » était-elle sacramentellement accolée au nom de Tibur :

Mænia Tiburis udi.

Ovide. *Fastes*, IV

(2) *Annales*, II, 85.

Nullo fata loco possis excludere; cum mors
Venerit, in medio Tibure Sardinia est (1).

C'est en 125, dans la huitième année du règne, que
furent commencés les travaux de la villa; les dates
les plus anciennes relevées sur les briques portent, en
effet, celle de 876, ce qui correspond à l'an 123 ap.
J.-C.; or nous savons par Pline l'Ancien que les Romains n'employaient jamais que des briques et tuiles
de deux ans (2), exemple à proposer à nos constructeurs trop pressés qui mettent en œuvre des pierres
nouvellement extraites et n'ayant pas encore jeté leur
eau de carrière, des bois verts et des briques sortant
mal cuites du four. On peut présumer qu'il n'y eut
pas de plan d'ensemble et que les bâtiments s'ajou-
tèrent les uns aux autres selon le caprice du maître;
le nom de l'architecte ou des architectes est inconnu,
mais certainement Hadrien ne perdit pas l'occasion
de faire œuvre d'un art où il prétendait exceller.

Revenu de ses longs voyages en 135, il passa à Tibur les dernières années de sa vie, mais possédé comme
tous les malades, et son mal fut aussi long que cruel,
d'un besoin impérieux de changement, il était allé
demander un peu de soulagement au bon air marin
de Pouzzoles, dans une ancienne villa de Cicéron, la
Puteolana d'où sont datées tant de lettres à Atticus;
embellie, agrandie par ses possesseurs successifs,

(1) *Epigrammes*, IV, 60. Du reste les passages où Martial vante le
climat délicieux de Tibur sont nombreux. V. notamment, I, 13, IV,
57, V, 71.

(2) *Histoire naturelle*, xxxv, 49. Finguntur optime vere; nam
solstitio rimosi fiunt. Ædificiis non nisi binos probant.

elle était devenue palais impérial sous Hadrien. C'est
là que, vieilli avant l'âge, l'empereur vécut ses jours
d'agonie. On a regret à dire qu'il fut pris alors d'un
accès de cruauté à la Tibère et que ses ordres suprê-
mes furent pour ordonner des supplices; il avait adopté
L. Ceionius Commodus Verus, après s'être fait modes-
tement autoriser par le Sénat à désigner son successeur. Ce choix fut désapprouvé par son beau-frère,
Servianus, qui, ouvertement sous Trajan, en dessous
plus tard, avait toujours été l'adversaire irréconci-
liable d'Hadrien; c'était alors un inoffensif vieillard
de 90 ans, mais un parti poussait en avant son petit-
fils Fuscus, un jeune fou sans consistance, presqu'un
enfant d'ailleurs. Hadrien les fit tuer l'un et l'autre (1).
La maladie, le souci impérial de la paix du monde,
peuvent sinon justifier, à Dieu ne plaise, de semblables cruautés, du moins les expliquer. Mais aucune
souffrance, morale ou physique, aucune raison d'Etat
n'auraient incliné à de tels actes l'âme d'un Antonin
ou d'un Marc-Aurèle. D'autres victimes, dit-on, étaient
promises au bourreau; Antonin trouva moyen de faire
différer l'exécution, et une fois Hadrien mort, il n'en
fut plus question.

Verus avait peu survécu à l'adoption impériale dont
il était, à tout prendre, digne; c'est alors que Hadrien
fit choix d'un sénateur de 42 ans, Antonius Aurélius
Fulvius qu'il présenta solennellement au Sénat, et,

(1) Il y eut quelques autres exécutions, mais rien ne prouve qu'il
ne s'agit pas de condamnés de droit commun ; puis n'oublions jamais que dans l'antiquité, même sous les meilleurs princes, le
respect de la vie humaine n'existait guère. On cite aussi plusieurs
martyrs chrétiens, à Tibur et ailleurs.

pour éviter, aussi longtemps que possible, toute révolution populaire, aristocratique ou militaire, il lui fit adopter le fils du César mort, Lucius Ælius Verus dont il appréciait l'esprit et le caractère, ce en quoi il se trompait. Il fut plus heureux en lui imposant aussi l'adoption d'un neveu de sa femme, un jeune homme de 17 ans, Marcus Annius Aurelius, qui sera Marc-Aurèle. Hadrien se souvenait que, faute d'une transmission régulière du pouvoir impérial, dès l'année 119, une conspiration puissante s'était tramée contre lui ; peu s'en fallut que le monde romain ne revît les jours de Galba, d'Othon et de Vitellius.

Tous ces actes politiques de Hadrien sont dignes des louanges de l'histoire, et aucun des empereurs romains n'eut à un plus haut degré cette notion qu'il était seulement un usufruitier du pouvoir suprême, avec le devoir impérieux de le transmettre intact au plus digne. Aussi en mourant pouvait-il du reste contempler avec sérénité l'œuvre accomplie ; il laissait l'empire dans un état de prospérité jusqu'alors inconnu ; jamais, même sous Auguste, n'avait plus été une vérité le beau mot de la « Paix romaine ». Pendant un règne de vingt-un ans, il n'y eut qu'une prise d'armes causée par la révolte des Juifs soulevés par Akiba et Barkokeba ; les Romains surpris éprouvèrent d'abord des échecs, mais le sort de la guerre n'en était pas moins fixé d'avance. Julius Severus écrasa dans le sang l'insurrection et fit pour des siècles, pour toujours, de la Judée un désert. Cette guerre de trois années passa aussi inaperçue du monde romain qu'une expédition militaire organisée par le gouverneur général de l'Inde anglaise contre un rajah révolté.

L'agonie de l'empereur fut si cruelle qu'il suppliait qu'on lui donnât du poison et voulut plusieurs fois se percer de son épée, mais Antonin le préserva de son désespoir. Du reste, comme Auguste et Tibère, il mourut dans l'entière possession de son intelligence; mécontent de ses médecins, les mourants le sont toujours, il voulut que l'on inscrivît sur son urne :

Turba medicorum regem interficit.

Je doute que la gravité romaine se soit prêtée à ce lazzi, non plus qu'à éterniser sur le marbre ou le bronze l'épitaphe composée par lui dans un style mignard aux diminutifs intraduisibles :

Animula blandula, vagula
Hospes cemesque corporis,
Quæ nunc abibis in loca
Pallidula, rigida, nudula,
Nec ut soles dabis jocos (1).

Hadrien mourut à 62 ans 5 mois et 17 jours, le 6 des ides de juillet 138, 10 juillet. Ses restes furent transportés dans son tombeau de Rome, qui jusqu'à Alexandre Sévère, recevra les cendres impériales. Spartien nous dit qu'il mourut détesté, c'est fort possible, et les cruautés de la fin rendirent injustes pour les grandeurs du règne; *Homines postrema meminere,* dit Tacite. Mais son impopularité ne dépassa

---

(1) Cette épitaphe est à tout prendre une déclaration de croyance à l'immortalité de l'âme; il n'y avait rien du stoïcien dans Hadrien ni dans les doctrines, ni dans les mœurs.

peut-être pas les murs de Rome où l'on ne pardonnait pas au prince de ne se montrer jamais, et de traîner à sa suite dans ses éternels voyages le personnel du gouvernement et de la cour, que l'on était habitué à voir immobilisé dans la Ville éternelle. Aussi dans la foule bourdonnante des oisifs, les « forenses » vivant dans les forums, les basiliques et sur la Voie sacrée, ce boulevard de Rome sous l'empire, n'épargnait-on pas cet empereur nomade, ce « Græculus », et Dieu sait si les nouvellistes avaient la dent légère ! On lui prêtait tous les ridicules et même tous les crimes, notamment d'avoir fait empoisonner sa femme Julia Sabina. Hadrien qui voulait tout savoir n'ignorait qu'à demi ce déchaînement contre sa personne, mais laissait dire. Toutefois, mieux instruit que l'empereur, Antonin se jura bien qu'il ne s'exposerait jamais à ces horreurs et à ces sottises, c'est pourquoi au plus nomade des princes succéda le plus sédentaire. La réaction contre Hadrien alla si loin que le sénat voulut abolir ses actes ; le sage Antonin ne s'y prêta pas, il fit décerner l'apothéose obligée à son père adoptif et lui éleva à Pouzzoles un temple convenable. Mais le meilleur témoignage rendu par lui au règne qui venait de finir fut de le continuer dans ce qu'il avait eu de meilleur, en y ajoutant cette beauté morale du caractère chez le prince qui faisait trop défaut chez Hadrien.

III

En vingt minutes, un chemin irrégulièrement bordé
de vieux oliviers (1) conduit de la station à la villa ; j'ai
pour compagnons une famille anglaise, le père, la mère,
deux jeunes misses et un boy de quatorze ou quinze ans ;
trois Allemands dont le plus jeune seul porte des lu-
nettes, un groupe de bourgeois et bourgeoises de Rome
qui font, à ce qu'il me semble, les honneurs de la promenade à un officier et à sa jeune femme. L'accès de la
villa est tarifé à 1 fr., ce que je trouve absolument
légitime ; dans presque toute l'Europe, il y a une taxe
pour la visite des musées, et en Italie cela s'étend au
Forum, aux thermes de Caracalla, au palais ducal
de Venise, à la chartreuse de Pavie, à Pompéi ; seul
le Colysée est gratuitement ouvert et à toute heure.
Les ressources ainsi créées alimentent le service des
monuments et galeries et des fouilles, mais non celui
du personnel ; la caisse de nos musées se trouverait
bien d'un tel système qui, par surcroit, aurait l'a-
vantage de débarrasser le Louvre de tous les pouil-
leux qui en font l'hiver un chauffoir.

La villa de Tivoli couvrait un espace d'environ 75

(1) Il y a au musée de Dijon, n° 418, salle nouvelle de l'école
contemporaine, un tableau de Abel Orry, 1839-1886, représentant
le chemin de la villa dont on aperçoit au second plan les substructions roses. Le site est exactement reproduit, mais la lumière diffuse
et blonde paraît un peu molle ; il est fort difficile d'exprimer ce
qu'est cette lumière romaine à la fois très tranquille, très douce et
très précise. Corot lui-même y a échoué à demi.

hectares, ou les trois quarts d'un kilomètre carré, ce qui est énorme, surtout si l'on considère que presque tout était en bâtiments, sinon continus, du moins agglomérés. Une telle masse de constructions destinées à un seul homme dépasse de beaucoup comme superficie ce que donnent un Versailles, un Escorial ou un Louvre. Cependant on a encore exagéré les dimensions de la villa en y englobant des restes qui appartiennent manifestement à des habitations voisines (1). C'est dans une de celles-ci que, après avoir orné le triomphe d'Aurélien, la reine de Palmyre, Zénobie, vint vivre ses dernières années que la générosité romaine orna d'un luxe royal.

Sur le seuil se présente un cicérone; je m'en passerais bien, mais l'aire d'exploration est considérable, il ne s'agit pas de s'égarer dans ce labyrinthe de ruines et de manquer le train pour Tivoli. Je m'agrège donc à la compagnie, me promettant de la suivre de loin et de me promener aussi libre, aussi seul que je le pourrai.

On retrouve à la villa d'Hadrien, mais dans des proportions tout impériales, le type du Laurentum de Pline, avec son pêle-mêle et son incohérence apparente; en vérité à côté de cet amas de constructions que leur ruine fait plus chaotiques encore, Fontainebleau, que l'on a appelé un « rendez-vous de châteaux », est de la pure géométrie. Evidemment il n'y a eu aucun plan préconçu, les diverses parties se sont ajou-

---

(1) « En avançant vers le midi et suivant le mur qui soutenait les terrasses attenantes au temple de Pluton, j'ai aperçu les dernières ruines de la villa situées à plus d'une lieue de distance. » Chateaubriand, lettre sur la villa Hadriana.

tées successivement au palais primitif, selon la fantaisie de l'empereur touriste ; imaginez la plantation incertaine d'un grand village, mais d'un village de palais, et quels palais ! c'est par cent mètres qu'il faudrait établir l'échelle d'un plan général.

Un château moderne n'est que le centre, comme à Chambord, à Chantilly, à la villa Pamphili-Doria, ou le départ, comme à Compiègne, à Fontainebleau, à Versailles, de jardins prolongés en parcs immenses et même en forêts. Mais j'ai déjà indiqué que les Romains tenaient peu à ces grands espaces de verdure ; c'étaient les architectes qui « construisaient les jardins », le mot est du langage latin, et on peut croire qu'ils servaient sur commande des plats de leur métier, c'est-à-dire plus de pierres que de plantations et de parterres ; ils prodiguaient surtout les allées rectilignes où, suivi de la foule des flatteurs, des clients et des parasites, le patricien pouvait promener noblement sa toge traînante.

Il s'ensuit que le Romain aime le plain pied et nivelle les terrains au lieu de profiter des accidents de surface ; enfin il lui faut en toutes choses, même dans les plantations, de l'arrangement et de la discipline, estimant, comme Cicéron, que, livrée à elle-même, la nature ne crée rien de parfait (1). Hadrien aurait fort goûté, j'imagine, nos jardins et nos parterres du xviie siècle, mais nullement un parc anglais, et nos Buttes Chaumont lui eussent été insupportables.

C'est avec ces idées qu'il faut visiter la villa et surtout n'y pas apporter trop de préoccupations archéolo-

____

(1) Nihil in simplice genere ex omni parte perfectum natura exposuit.

giques en s'évertuant à donner un nom à chaque ruine. Le mieux est de se laisser aller doucement au charme de la promenade et des spectacles offerts. Il y avait de tout dans cette villa, un palais pour l'empereur et des logements pour les hôtes ; un stade comme au Palatin, deux théâtres, l'un pour les pièces grecques, l'autre pour le répertoire latin ; une bibliothèque, peut-être deux. Voici une salle de réception et une basilique, cet élément essentiel de toute résidence impériale, puisque le prince est dans tout l'empire le juge suprême des hommes et des choses. Le Palatin montre les bases de celle des Flaviens avec l'abside où siégeait l'empereur, même on voit encore en place un reste du pavé en marbres variés, et du chancel qui séparait le tribunal du public. Une des parties les plus curieuses du palais flavien est une nymphée qui a dû être charmante ; dans une salle séparée par une claire-voie du grand triclinium, s'élevait d'un bassin ovale un massif informe aujourd'hui, mais que l'on peut se représenter comme un surtout autrefois chargé de marbres, de plantes et de fleurs se reflétant dans l'eau amenée par l'aqueduc Claudien. Eh bien, le même motif se retrouve à la villa Hadriana, mais dans des proportions fort agrandies, puisque dans un portique ovale, quatre ponts jetés sur un canal très large, un euripe, comme disaient les Romains, donnent accès dans une île véritable.

Tout ici, d'ailleurs, est établi dans des proportions colossales ; qu'on en juge ! le mur du long promenoir appelé le Pœcile en souvenir du fameux portique athénien, a 230 mètres de long sur 10 de hauteur, ce qui dépasse d'une quarantaine de mètres la longueur totale de Saint-Pierre de Rome ; c'est non la plus belle, sans doute, celle du théâtre d'Orange est bien autre chose que ceci, mais la plus longue muraille romaine qui soit au monde ; et les brèches encadrent de surprenants tableaux de verdures et de ruines. Le Pœcile d'Athènes était enduit de peintures, œuvre de Polyquote, de Thasos, v⁰ siècle avant J.-C., représentant des scènes de l'Iliade ; un seul sujet comprenait deux cents figures. Nous ne pouvons nous faire une idée de ces compositions historiques ou légendaires que par la bataille d'Alexandre reproduite en mosaïque d'après un original grec, et qu'ont livrée au musée de Naples les premières fouilles de Pompéï. Il est très probable que le Pœcile de Tibur fut également revêtu de peintures ; et si l'on considère qu'il était double, c'est-à-dire formait sur les deux faces un promenoir couvert, les parois décorées offraient un développement tel que comparées à ces immensités, ne sont plus que des tableaux de chevalet, les plus amples décorations d'un Luca Giordano ou d'un Pierre de Cortone.

Le Canope présente des dimensions presque égales ; c'est un bassin long de deux cent vingt mètres, large de quatre-vingts, bordé de portiques et terminé par une abside en quart de sphère formant le temple d'Osiris ; analogue par conséquent au motif architectural qui termine la perspective de la cour dite de la Pigna, au Vatican. Près de là, voici les ruines des thermes ; par la beauté des voûtes, inférieures cependant à celles des thermes de Caracalla, les perspectives variées offertes de toutes parts, ce sont les restes les plus reconnaissables, les plus intéressants de ce tohu-bohu de bâtiments écroulés. Çà et là, enfin, s'élevaient des temples dédiés à Jupiter, à Apollon, à Vénus, à Diane, à Pluton et Proserpine, à Hercule ; l'un d'eux portait le nom assez singulier, et probablement moderne, de temple des Stoïciens. Mais toute identification devient de plus en plus incertaine.

Sur le vallon qui sépare la villa des hauteurs de Tivoli, de puissantes substructions formant double et même triple rang de portiques soutenaient l'aire nivelée; l'aspect rappelle, mais avec plus de développement, ce que l'on voit à la pointe S.-O. du Palatin, les restes de cet énigmatique Septizonium de Septime Sévère, un édifice à sept étages de portiques (1) dont la destruction fut consommée par Sixte-Quint, un grand et hâtif constructeur, un non moins grand démolisseur, deux termes qui sont corrélatifs.

Comme au Palatin des passages souterrains bien éclairés, aux voûtes faites de cet incomparable ciment romain qui ne laisse filtrer aucune humidité, mettaient en communication les parties essentielles des bâtiments ; Hadrien et sa cour pouvaient ainsi se rendre d'un point à un autre par le plus court chemin, et sans avoir à redouter la poussière, le soleil ou la pluie (2).

(1) Il se pourrait que le Septizonium eût été ainsi nommé parce qu'il formait sept corps de bâtiments juxtaposés et non superposés, mais contre cette opinion assez récente, il y a l'objection tirée du mot même qui implique plutôt des zones ou étages ; remarquons, d'ailleurs, que les trois étages inférieurs n'avaient d'autre fonction que de mettre les autres de plain-pied avec le plateau du Palatin.

(2) Ces longs souterrains étaient surtout utilisés pour le service des palais ; toutefois les maîtres du logis ne dédaignaient pas d'y prendre leur chemin ; c'est dans l'un d'eux encore existant au Palatin, que fut assassiné Caligula, le 24 janvier 41.

On discute beaucoup sur une bâtisse appelée Cento Cellæ parce qu'elle est divisée en petites chambres indépendantes et communiquant autrefois avec le dehors par autant de ponts-levis jetés sur le fossé ; on la considère volontiers, et c'était déjà l'opinion dominante au temps de Chateaubriand, comme une caserne destinée aux Prétoriens de la garde personnelle du prince. C'est possible ; seulement je suis étonné que Hadrien n'ait pas mieux logé des soldats d'élite. Il y avait certainement un effectif militaire à la villa, ne fût-ce que pour rendre les honneurs, mais peu nombreux, les esclaves et affranchis étant en nombre plus que suffisant pour assurer d'autre part l'ordre et la sécurité. Peut-être les Cento Cellæ étaient-elles le logement des esclaves inférieurs, de ceux qui, à titre de punition ou par destination, travaillaient aux gros ouvrages.

Le grand charme de la villa, c'est la végétation d'appoint, cyprès, pins parasols, chênes verts, lentisques, lianes, qui se mêle çà et là aux ruines ; à chaque pas, à chaque détour, ce sont de nouveaux tableaux d'Hubert Robert, avec la couleur en plus et le souci sentimental en moins. Le Forum, le Palatin, les thermes de Caracalla sont déblayés à outrance, il y a trop d'archéologie, cela sent le musée ; sans doute la villa ne présente plus, du moins dans les parties exhumées, cette antithèse de rusticité vivante et de ruines qui ravissait Chateaubriand, mais il reste assez de beaux arbres et de taches vertes pour en faire un jardin, non une Palmyre qu'enveloppe de toutes parts le désert ; c'est encore une manière de parc et l'un des plus beaux du monde.

Maintenant avouons qu'il faut une certaine force d'imagination pour restituer à ces restes dépouillés leur aspect d'autrefois. Dans aucun de ces édifices, l'art antique n'avait prodigué avec plus de luxe les matériaux rares, marbres, jaspes, porphyres, albâtres. Les plus précieux avaient été demandés à la Grèce, à l'Afrique, à l'Asie et employés en revêtements, en colonnes, en pavés avec une profusion dont peuvent à peine nous donner une idée les plus riches églises romaines, Santa Maria in Trastevere, le trop moderne Saint-Paul hors les Murs et Saint-Pierre. Les Romains avaient tant de goût pour ces polychromies naturelles que l'on composait pour les raffinés des espèces nouvelles en associant adroitement des veines éclatantes et diverses. Mais c'est encore le marbre blanc venu de la Grèce qui, au moins dans les dehors, dominait dans la villa. Restituons donc à ces murs ébréchés, à ces voûtes ouvertes, leurs lambris luisants, leurs stucs, leurs bronzes dorés, leurs peintures; profilons sur le ciel les coupoles, les faîtes, les acrotères étincelés d'or; étendons sur le sol les tapis de mosaïques; enfin peuplons les portiques, les atriums et les salles de statues, de vases, de candélabres, en marbre, en porphyre, en métal, et nous aurons quelque idée de ce que fut en sa courte existence impériale, la villa créée de toutes pièces par la volonté souveraine d'Hadrien,

Rien du musée toutefois, du moins comme on le comprend de nos jours, c'est-à-dire de la collection rangée scientifiquement dans des salles nues. Pour Hadrien l'art était un spectacle, l'instrument d'une décoration copieuse et magnifique, et c'est ainsi que l'entendront les grands patriciens de la Renaissance ; des galeries où se seraient alignés sans fin des tableaux et des statues eussent choqué le goût inné des Romains pour la richesse ordonnée. Cependant, avec moins d'accumulation, j'imagine, le musée Pio Clementino au Vatican, certaines salles du Louvre au-dessous de la galerie d'Apollon, le salon de Niobé, aux Offices, à Florence, surtout celui du casino de la villa Borghèse, donnent quelque idée de ce que pouvaient être les intérieurs de la villa Hadriana.

Dans cette abondance d'œuvres d'art, il y avait certainement des morceaux originaux échappés aux incendies de Rome, surtout à celui du 19 juillet 64, qui détruisit la maison transitoire de Néron avec ses incomparables trésors d'art arrachés à la Grèce ; mais à Tibur la plupart des statues étaient des imitations ou copies. Les musées du Vatican, du Capitole, des thermes de Dioclétien, ceux de l'Europe entière, sauf peut-être le British-Museum, sont faits de ces reproductions qui étaient pour les Romains ce que sont pour nous les réductions de Barbedienne. Chaque génération proportionne les choses à sa mesure.

Nous pouvons sans trop de peine nous faire une idée de l'œuvre de marbre et de bronze, mais il est une autre partie essentielle de la décoration qui nous échappe, ce sont les accessoires et le mobilier d'usage, les portes en bois précieux plaqués d'écaille, d'ivoire et d'argent, les portières éclatantes tissées à Babylone et qui sont nos tapis d'Orient et de Perse ; les velariums de soie, les meubles d'ébène et d'ivoire, les tables de citre, ce bois jaspé que les Romains tiraient de Numidie et dont l'identification avec le thuya d'Algérie ne me semble pas douteuse, de même que le marbre phengite, translucide avec des veines orangées, ressemble fort à notre onyx d'Afrique (1). Par Herculanum et Pompéi nous connaissons un peu les meubles de bronze, et grâce aux trouvailles de Hildesheim et de Bosco Reale, concevons ce qu'était, dans les grandes maisons romaines, le luxe de l'argenterie ornée. Mais à tout prendre, ce que nous connaissons le moins des Romains, ce sont les instruments de leur vie intime ; au contraire les sables de l'Egypte ont conservé des meubles et des ustensiles en bois vieux d'un nombre infini de siècles ; rien de semblable ne survit de l'antiquité latine (2).

Enfin il faut se représenter les verdures partout mêlées aux constructions, et les plus belles eaux tombant en cascatelles, jaillissant en gerbes, s'épanchant en nappes, coulant rapides dans les euripes. Est-ce l'aqua Marcia qui avant d'arriver à Rome vivifiait ainsi toutes choses dans la villa impériale si desséchée, si aride aujourd'hui ?

C'est dans ce milieu éclatant et coloré, mais où do-

(1) C'est sous Néron que le marbre ou albâtre phengite fut découvert en Cappadoce, mais la ressemblance avec notre onyx d'Afrique n'en est pas moins grande.

(2) Les peintures d'Herculanum et de Pompéi nous donnent quelque clarté sur ce qu'étaient les aspects familiers des villes et le matériel de la vie courante. L'idée qu'a eue M. Fiorelli de couler du plâtre dans les creux qu'ont laissés dans les boues solidifiées les objets en bois consumés par le temps, nous a bien rendu l'image de ce qu'étaient certains objets d'usage, et par exemple nous savons maintenant que les prétendues flûtes d'os trouvées en si grande quantité dans les fouilles, sont simplement des charnières. Mais que de choses nous ignorons encore et ignorerons peut-être toujours !

minait la blancheur du pentélique et du carrare que
nous imaginons l'empereur et sa cour évoluant en une
succession de ces tableaux de la haute vie romaine
que se plaît à ressusciter le peintre Alma Tadema. Seulement toutes ces magnificences étaient trop neuves,
le soleil n'avait pas encore doré ces blancheurs, or-
chestré la polychromie puissante des ors, des porphyres et des brèches. La villa créée par la volonté
d'un souverain artiste aurait eu besoin de vieillir pour
que son luxe se fît harmonie et beauté. C'est ce que
ne lui permettra pas la destinée.

Dans cet ensemble qui portait certainement sa
marque personnelle de maître et d'architecte amateur, on a mis en doute le bon goût d'Hadrien. Les
appellations diverses empruntées à la Grèce et à
l'Egypte ont paru puériles parce que l'on a cru à
des pastiches archéologiques plus ou moins réussis,
et pour un peu on aurait fait de la villa une sorte
de parc romantique avec fabriques à la Carmontelle ;
on pense aussi au nouveau Munich déjà bien vieux,
bien démodé après soixante-dix ans d'existence, créé
par le roi Louis de Bavière. Selon moi ce serait mal
juger Hadrien et son œuvre ; d'abord on a vu par
quelques-unes des mesures données, qu'il ne s'agissait
nullement de colifichets décoratifs, puis ces dénomi-
nations sont des caprices, rien de plus. Si l'étroit
vàllon qui sépare la villa des hauteurs tiburtines a
reçu le nom de vallée de Tempé, et son ruisseau
celui de Penèe, c'est par un jeu d'esprit et sans nulle
intention d'évoquer le souvenir réel d'un site célèbre.
La gravité impériale ne se serait pas prêtée à ces
enfantillages et la voûte romaine régnait partout, même

au sanctuaire d'Osiris. Quelques traits accessoires empruntés à l'Egypte ne faisaient pas un lieu égyptien du Canope où Hadrien s'amusait peut-être à ressusciter dans des tableaux vivants les fêtes nautiques d'Alexandrie et du Nil. Ces défilés, ces cortèges de féeries faisaient depuis longtemps la joie des Romains, et dès le temps de Cicéron, les gens de goût blâmaient qu'on en abusât sur les théâtres au point de submerger dans le luxe de la figuration les plus nobles sujets de la tragédie grecque.

D'ailleurs, tout ce que l'on a tiré de la villa est excellent et fait honneur au dilettantisme artistique d'Hadrien ; sans doute les revêtements de marbre, les stucs, les bronzes, les peintures ont disparu, et seules quelques parcelles de la décoration abolie se distinguent çà et là dans les thermes, mais ceux qui ont pu voir la villa moins ruinée qu'elle n'est aujourd'hui s'accordent à dire que rien n'était plus parfait dans l'art romain. Quant aux nombreux morceaux de sculpture qu'ont livrés les fouilles, sans épuiser peut-être les richesses ensevelies de la villa, ils sont très remarquables, encore Antonin le Pieux a-t-il dû prélever le meilleur. Beaucoup sont perdus, ou ne peuvent plus être identifiés ; ainsi que sont devenues les neuf Muses et la Mnémosyne dont on parlait avec admiration (1) ? Mais parmi les pièces de provenance certaine, je citerai : au musée du Capitole, le *Faune* en rouge antique, assis et mangeant du raisin ; un

---

(1) Ne pourrait-on pas les reconnaître dans la série des Muses et d'Apollon, trouvée près de Tibur et que l'on voit au musée Pio Clémentin, dans la salle octogone, dite des Muses ? l'Apollon est particulièrement très beau.

Antinoüs, les deux *Centaures* en marbre gris, signés Aristias et Papias, l'*Harpocrate*; au Vatican, une *Minerve*, *Antinoüs*, *Bacchus*, *Antonin le Pieux*, deux Hermès, la *Tragédie* et la *Comédie*, le *Bacchus couché*, le *Ménélas*, les deux candéladres Barberini, les plus beaux qu'ait laissés l'art antique, enfin, dans le musée égyptien, un certain nombre de morceaux de style pharaonique, dont le principal est le fameux *Antinoüs égyptien*. Mais la coiffure, le *claft*, aux longues et larges bandes d'étoffe tombant plissées sur les épaules, le *schenté*, ce court pagne serré autour des reins, et aussi l'attittude d'une symétric hiératique et parfaite, ne doivent point nous faire illusion; dans une forme archaïque et étrangère, c'est le modelé délicat et la vie de l'art hellenistique.

Je citerai pour terminer une œuvre exquise, cette mosaïque du Capitole représentant des colombes buvant dans une coupe, copié d'un original célèbre et populaire du mosaïste Sosos de Pergame (1). Copie, ai-je dit, il est peu probable, en effet, que le politique empereur ait privé les habitants de Pergame d'un de leurs trésors artistiques; il laissait ces pirateries à un Néron qui avait ses rabatteurs, entre autres l'affranchi Acratus, et si bien mis la Grèce en coupe réglée, qu'en une seule fois Delphes dut livrer 500 statues de bronze, et il en resta! Le tableau des colombes est une merveille de grâce que, depuis des siècles,

---

(1) Pline l'Ancien, XXXVI, 40. Le même passage nous apprend que Sosos était l'inventeur d'un genre qui semble d'un goût douteux, — Asarotos œcos — salle non balayée. On y voyait représentés les débris des aliments rejetés par les doigts des convives. Cela jette un singulier jour sur les habitudes romaines de la table.

ne cessent de copier les mosaïstes romains (1). Faisait-elle partie d'un pavé ? C'est possible, vraisemblable même : on sait que les Romains avaient la passion des parquets en mosaïque, tableaux animés ou simplement décoratifs ; les musées en sont remplis et on en découvre sans cesse dans toutes les parties de l'empire. Je ne pense pas que des applications en aient été faites à la décoration des murs au temps d'Hadrien.

Il est donc certain que les arts décoratifs et la sculpture étaient excellemment représentés à la villa d'Hadrien, et comme l'architecture, je le répète, s'est maintenue plus d'un siècle et demi en beauté alors que la statuaire tombait dans une lamentable décadence, on en peut conclure qu'un grand goût régnait dans les constructions diverses de Tibur.

Un détail, toutefois, a été relevé à la charge d'Hadrien ; il y avait à la villa une représentation du Tartare et des Champs-Elysées ; mais je vois mal le grand empereur s'amusant à quelqu'une de ces fabriques à faire peur comme on en montre aux expositions universelles et au musée Grévin ; aussi je pense plutôt à quelque hypogée à peine éclairé et mystérieux, traversé par un cours d'eau bruissant, peut-être avec quelques blanches statues à allure de fantôme, mais sans intervention d'une machinerie et de mannequins re-

---

(1) Charles de Brosses, lettre XXXVI, à M. de Neuilly, *in fine*, parle de la mosaïque entière d'une salle de la villa « le cabinet d'Hadrien » et des deux centaures ; il y revient dans sa lettre XLVIII, au même, et dit que de la mosaïque on a fait des tables, acte de vandalisme qui montre du moins quelle était la beauté de l'œuvre. Je ne sais ce que sont devenus ces morceaux précieux.

présentant les supplices infernaux. Pour les Champs-
Elysées, on peut imaginer quelque jardin fleuri
entouré de blancs portiques, le décor du troisième
acte de l'*Orphée* de Gluck.

Quant à des rochers taillés comme aux Buttes-Chau-
mont, ou maçonnés en moellons, ainsi qu'on en voit
aux bains d'Apollon, à Versailles, cette très agréable
fabrique due à Hubert Robert, on peut hardiment dire
qu'il n'y eut rien de semblable dans la villa Hadriana.

Nous pouvons sans peine nous représenter ce qu'é-
tait la vie de château à Tibur pendant la belle saison.
On y jouait la comédie, probablement plus du Plaute
que du Térence, Hadrien devait préférer le premier au
second, lui qui mettait Ennius au-dessus de Virgile.
Mais le goût impérial faisait aussi une large place aux
mimes, aux équilibristes, aux funambules, aux combats
de gladiateurs, aux atellanes. Ne devaient pas être oubliées non plus ces danseuses gaditanes, les ancêtres
des Andalouses, qui exécutaient leurs pas à la can-
tharide dans des costumes au prix desquels les dé-
colletés de nos féeries modernes peuvent passer pour
des robes montantes. Nul divertissement n'était plus
goûté des Romains.

Comme à Versailles, au temps de Louis XIV, il y
avait certainement dans la vie de cour une large part
faite à la représentation et aux plaisirs ; mais pas plus
que le Roi Soleil, Hadrien n'y sacrifiait le moindre de
ses devoirs souverains. La correspondance, la lecture
des rapports, les audiences, les séances judiciaires dans
la basilique, étaient des fonctions auxquelles s'assu-
jettissaient même les plus méchants empereurs ; sous
le pire, le plus raffiné de tous dans la cruauté, Domi-

tien, l'administration générale de l'empire demeura vigilante et forte.

En parcourant les restes de la villa, je me posais, sans les résoudre d'une manière quelque peu satisfaisante, plusieurs questions sur les mœurs et les habitudes du temps. Je vois bien comment vivaient les Romains pendant la belle saison, longue assurément à Rome ; cependant lorsque nous voyons les débauchés prolonger leurs festins jusqu'aux dernières heures de la nuit, les studieux consumer leurs veilles à lire des manuscrits, un raffiné comme Caius Pétronius, l'arbitre de toutes les élégances, donner la journée au sommeil, la nuit aux devoirs et aux divertissements de société (1), nous nous demandons comment s'éclairait ce monde-là. Eh bien, il faut le reconnaître, fort mal, et le moindre bourgeois, même des temps antérieurs au règne du gaz, de l'électricité et de l'acétylène, était en cela mieux partagé qu'un Néron ou un Hadrien. Certes elles sont très jolies de forme et beaucoup même sont de vrais bijoux, les lampes de terre cuite ou de bronze dont sont remplis nos musées, mais enfin nos plus pauvres paysans français ne voudraient pas de ces appareils fumeux donnant une clarté de veilleuse. Même réunis en candélabres et en lustres, ces charmants appareils faisaient vivre les plus riches, les plus raffinés des Romains dans une fumée âcre et mal odorante qu'ils supportaient parfaitement, n'ayant pas l'idée qu'il pût en être autrement et mieux. Et notez qu'il en sera ainsi de l'homme du moyen âge et de la Renaissance. A la vérité, les Romains com-

(1) Tacite, *Annales*, XVI, 18.

battaient l'odeur de l'huile à l'aide de parfums incessamment brûlés dans des cassolettes ; mais à tout
prendre, il n'est pas de sens qui devienne plus vite
indifférent que l'odorat. Et pour l'étude et le plaisir, les
yeux de chat des Romains, non usés comme les nôtres par des clartés artificielles intenses, s'accommodaient parfaitement de ces lueurs crépusculaires. On
se servait aussi de gros cierges en cire, toutefois c'était un grand luxe. Pour ce qui est des illuminations
extérieures et des fêtes nocturnes, leurs splendeurs
feraient sourire, je ne dirai pas un homme du xxe siècle, mais un contemporain du premier empire.

Autre question : comment se chauffaient les Romains ? Le climat de Rome ne semble pas avoir
changé depuis l'ère chrétienne, et de nos jours on ne
s'y peut passer d'appareils de chauffage artificiel,
braseros ou cheminées. Or ce que nous voyons des
habitations anciennes ne semble nullement établi en
vue de la saison froide. Faut-il en conclure que les
Romains d'autrefois avaient une plus grande résistance au froid que leurs descendants tels que les ont
faits les derniers siècles de confortable toujours
grandissant ? C'est possible, vraisemblable même,
si bien que, il ne faut pas oublier, partout, dans la
Gaule du nord, en Germanie, même dans la Grande
Bretagne, le Romain bâtissait sa demeure comme à
Rome. Au Palatin, les salles de la maison de Livie
sont fort belles, mais on frissonne à la pensée d'y
passer l'hiver, même le bref et doux hiver romain.
Alors on étendait sur les pavés de marbre les épais
tapis d'Asie, on jetait au-devant des portes de lourdes
portières, on allumait les braseros, à demeure ou

roulants, et dans les grandes demeures on chauffait les appartements à l'aide de ces calorifères appelés *hypocaustes*, dont le seul service était de tiédir les pavements par la circulation de l'air chaud. Avait-on des cheminées, au sens où nous l'entendons? Oui, puisque le mot existe ; d'ailleurs il est question d'un feu de cheminée dans Suétone, il est vrai que nous sommes en Germanie (1), mais la vérité est qu'on n'en a jamais rencontré de traces dans les maisons explorées, si ce n'est, toutefois l'identification n'est pas absolument certaine, à Pompéi. Il y en avait cependant chez les pauvres gens, puisque c'était le *foyer*, cet âtre sacré qui rendait inviolable tout hôte même ennemi, venu, fût-ce par surprise, y prendre place. Mais les maisons du petit monde, soit à la ville soit aux champs, n'existent plus.

Les Romains, qui n'avaient pas imaginé le poêle d'appartement, connaissaient du moins le réchaud et le fourneau de cuisine avec rondelles mobiles, four et bouillotte ; Pompéi en a livré des exemplaires aussi bien combinés que les meilleurs types de l'industrie moderne.

Pour en revenir à la villa d'Hadrien, les chambres à coucher n'étaient certainement pas pourvues d'appareils fixes de chauffage; d'ailleurs, petites, bien feutrées de tentures, aux lits entourés de courtines, on n'y entrait, comme il a été dit, et l'on n'y séjournait que pour la sieste ou le sommeil de la nuit. On vivait dans les portiques, les thermes, les nymphées, non comme nous dans son cabinet ou dans sa chambre.

____

(1) Suétone, *Vitellius*, VIII.

Au lendemain de la mort d'Hadrien la villa fut délaissée et pour toujours ; Antonin, on l'a dit, quitta peu la résidence de Rome ; d'ailleurs c'était un homme de goûts simples, habiter cet ensemble colossal lui eût été insupportable et il ne s'occupa de la villa que pour faire transporter une partie de ses richesses à Rome. Elle demeura ainsi pendant plusieurs siècles délaissée mais intacte ; il est à présumer cependant que les voisins ne se gênèrent pas trop pour y puiser des matériaux destinés à leurs habitations, plus tard à leurs églises ; quelle ruine est l'œuvre seule du temps, c'est-à-dire des forces naturelles, et non de l'homme ? Je me la représente volontiers pendant cette longue période à demi envahie par les végétations parasites, devenue comme une sorte d'Angkor romain, de palais de la Belle au Bois dormant, et plus captivante, plus belle que jamais. Mais ce romantisme des ruines était lettre close pour les anciens.

Si les premières invasions barbares, celles d'Alaric en 403 et en 412, de Genséric en 455, effleurèrent à peine les palais d'Hadrien, au siècle suivant, le roi des Ostrogoths, Totila, la ravagea avec une rage stupide, les voûtes et les murs écroulés ensevelirent les marbres sous les décombres, et le silence se fit pour des siècles sur la villa. Des cultures, des vergers, des vignes, se mêlèrent, se superposèrent aux ruines oubliées. Quant aux marbres, ils s'engloutirent morceau par morceau dans les fours à chaux. Et cependant l'aspect général était encore assez grandiose au xve siècle pour frapper d'admiration le pape Pie II, Æneas-Sylvius Piccolomini. Au xvie siècle, dans le renouveau universel de la culture antique, alors que l'on cherchait partout des œuvres d'art, non pour en jouir par raison démonstrative, comme nous le faisons aujourd'hui, mais pour en parer les palais nouveaux, l'attention fut attirée sur ces ruines que l'on prenait alors pour celles d'une ville entière, d'un Tibur descendu des montagnes et oublié. Le pillage, la destruction méthodiques commencèrent et ne s'arrêtèrent plus. Les siècles classiques, admirateurs exclusifs de la culture antique, ont été plus funestes à l'antiquité que les barbares et le moyen âge.

Piero Ligorio étudia le premier la villa enfin reconnue pour ce qu'elle était; un singulier personnage, ce Ligorio; peintre, architecte, antiquaire, il succéda dans les travaux de Saint-Pierre à Michel-Ange, travailla pour le duc de Ferrare et mourut vieux à Naples, en 1583. Mais il est surtout connu pour un grand mystificateur; ne s'avise-t-il pas, en effet, de publier un recueil d'inscriptions fausses composées avec le sens le plus rare de l'épigraphie latine? N'est pas qui veut un faussaire de cet envergure. Du reste, au xvie siècle, un si bon tour méritait à son auteur plus d'indulgente admiration que de mépris. Au xviiie siècle, Piranesi, ce Vénitien antiquaire, merveilleux coloriste à l'eau-forte et inventeur inépuisable (1), qui passa toute sa vie à Rome, s'occupa de la villa et en a donné des plans gravés avec sa maestria ordinaire.

(1) Giambattista Piranesi, né à Venise en 1707, mort à Rome, en 1778, a laissé 16 vol. in-fol., gravures sur les antiquités romaines et compositions dans lesquelles il annonce ce que sera le style Empire. Son œuvre a été continuée par son fils Francesco, Rome, 1728-1810, aidé de son frère et de sa sœur.

On citera seulement après lui le nom de l'archéologue
Bardo, et une bonne *Descrizione della villa adriana*
qui est de 1827, pour en venir à l'époque actuelle.
La prise de possession de Rome par la monarchie italienne a donné un essor remarquable à toutes les
fouilles et aux travaux archéologiques; aussi la villa
ne pouvait être oubliée. Aujourd'hui, sous le comman-
deur Rosa, elle est presque entièrement déblayée,
mais quand il s'agit d'appliquer aux ruines des déno-
minations précises, les incertitudes persistent. Des
Français, élèves de l'Académie de France à Rome,
ont étudié la villa en archéologues et en artistes, et,
ce qui n'est pas inutile, en architectes; je citerai surtout MM. Daumet, le créateur du nouveau Chantilly;
Blondel, Esquié, et l'on trouvera le meilleur de leurs
découvertes résumé avec une sage critique et un plan,
dans les *Promenades archéologiques* de M. Gaston
Boissier. On citera encore un livre important publié
à Berlin par M. Vinifeld en 1895. Mais en pareilles
matières, celui qui vient le dernier a nécessairement
l'avantage, et l'œuvre la plus importante qu'ait ins-
pirée la villa est d'un Français, M. Pierre Gusman,
un livre de grand luxe édité en 1904 et couronné cette
même année par l'Institut. Ce n'est du reste que le
développement d'un article inséré dans la *Gazette des
Beaux-Arts* de 1897, 2ᵉ semestre.

Je le sens, il manque quelque chose à la villa de
Tibur, l'attrait des longs passés humains, et le seul
nom attaché à ces restes immenses, celui d'Hadrien,
ne suffit pas à vivifier tant de grandeur matérielle sur-
vivant à la beauté de l'art disparue. On a vu que l'empereur y passa tout au plus les trois dernières années

de sa vie, n'y mourut même pas et qu'avec lui finit l'histoire de l'œuvre colossale créée par un caprice. Aussi, bien moins importantes en leur état actuel, comme étendue et conservation, réduites à quelques souches émergeant du sol fouillé, les ruines du Palatin parlent-elles autrement haut à l'imagination que celles-ci. Ah ! sans doute ce ne sont pas des souvenirs à faire honneur à l'humanité, et en comparaison de ce qui s'est passé sur la colline maudite, l'histoire classique des Atrides peut passer pour une idylle. Mais enfin si abominables qu'elles soient avec Caligula, Claude, Néron, Domitien, Commode, Caracalla, Elagabale, les annales du Palatin font revivre aussi les noms de Titus, de Nerva, de Trajan, d'Antonin le Pieux, de Marc-Aurèle, d'Alexandre Sévère. Et au-dessous d'une couche épaisse de débris et de souvenirs, voici les restes de cette Roma Quadrata, espèce de blockhaus, d'appareil cyclopéen construit au viiie siècle av. J.-C., par le personnage légendaire que l'on a appelé Romulus, pour commander le cours du Tibre. Rome, en effet, est, par destination géographique, « un pont » jeté au point précis, nécessaire, où s'est fait, se fait, se fera toujours le contact entre l'Italie du Nord et celle du Sud. Cette haute considération de l'histoire, le *nullum est sine nomine saxum* du poète (1), manque trop à la villa Hadriana. Il lui reste, et c'est beaucoup, le charme de ses beaux aspects ; et si l'on n'y rencontre pas cette suggestion des noms et des faits qui est la meilleure part de l'impression reçue du Forum, le lieu le plus mémorable de l'univers, on

(1) Lucain, *Pharsale*, IX, v. 973.

y prend du moins une précieuse leçon d'histoire de l'art romain et au moins égale à celle que donnent le Panthéon, la basilique de Maxence achevée par Constantin, les thermes de Caracalla et ceux de Dioclétien. Plus que partout ailleurs, on saisit, à Tibur, ce qu'il y a de vraie grandeur, mais aussi d'apparence, d'inharmonie, et, disons-le, de mensonge, dans l'ancienne architecture romaine. Et il ne faut pas faire un grand effort de raisonnement pour le comprendre, puisque la viciation initiale de l'art grec qui est la caractéristique de celui de Rome, est devenue une tradition dont les peuples modernes et surtout l'Italie n'ont pu secouer encore le joug appesanti par de longs siècles d'enseignement prétendu classique.

Auguste disait qu' « il avait trouvé une Rome de briques et la laissait de marbre » ; il se vantait, Rome a toujours été sinon une ville toute de briques, du moins une ville où la brique employée l'emporte de beaucoup sur la pierre et le marbre. Et, il n'en pouvait être autrement, étant donnés les principes de la structure romaine ; ces murs, ces arcs et ces voûtes d'une portée qui devancent les procédés et les matériaux métalliques modernes, qui, sans soutiens adventices, sans béquilles ni étais, se tiennent par leur masse et la solide texture de l'appareil, ne pouvaient être exécutés qu'en briques, ou en blocage et c'est là l'œuvre propre de Rome. Elle nous donne cette impression d'immobilité que nous ne recevons pas égale des édifices si admirables d'ailleurs, et par d'autres côtés si supérieurs du moyen âge, et Viollet-le-Duc a pu dire sans paradoxe, que, réduites à leur seule beauté géométrique, les ruines dépouillées des thermes de Caracalla sont plus vraiment belles, de cette beauté faite de logique, de sincérité et de hardiesse, que parées de marbres, de mosaïques et de bronze doré (1).

Voilà, et elle est grande, la part du Romain ; œuvre d'ingénieur, dit-on, plus que d'architecte ; soit, mais quand il s'agit de structures je voudrais bien que l'on déterminât une bonne fois le point précis où commence et où finit le rôle de l'ingénieur. Cette structure ainsi édifiée, l'architecte (2), le décorateur, si l'on veut, intervient alors, mais je pense que le même homme construisait et décorait l'édifice ; il appelle à son aide l'art grec et ses ordres, dont il choisit, bien entendu, les plus riches, l'ionique, surtout le corinthien que dans sa passion pour la magnificence il amalgame avec les volutes du premier pour créer le composite dont un Athénien contemporain de Périclès ou même d'Alexandre aurait dit dédaigneusement : « cela est asiatique et non grec ». Seulement, ne com-

(1) V. *Entretiens sur l'architecture*, I, 116. Tout le IVe Entretien est à lire, mais avec précaution, cette recommandation n'est jamais inutile avec l'auteur.

(2) Les Romains ne semblent pas avoir eu les architectes en grande estime, du moins si j'en crois cette mauvaise langue de Martial.

> Artes discere vult pecuniosas ?
> Fac, discat, citharœdus, aut choraules.
> Si duri puer ingeni videtur,
> Prœconem facias, vel architectum.
>
> V, 56, *Ad Lupum.*

On voit du moins que, au Ier et au IIe siècle le métier d'architecte était bon à Rome. Peut-être Martial, poète besogneux, en voulait-il à ceux qui gagnaient si facilement de l'argent, les virtuoses, les crieurs publics et les architectes.

prenant pas que les ordres étaient la structure même
de l'édifice, le Romain les a isolés pour en faire un
placage ou un lambris; et ce sera pour des siècles,
pour le toujours des choses humaines. Ainsi à l'Ere-
chteïon de l'acropole Athénien, au monument chora-
gique de Lysicrate, ailleurs encore, le Romain a vu
des colonnes engagées qui sont l'ossature même de
l'édifice puisque, comme dans ceux du moyen âge,
les murailles, devenues de simples cloisons, ne portent
aucune charge. Il s'en empare aussitôt et voilà l'origine de ces pilastres en saillie, de ces demi-colonnes,
simples ornements parasites ne participant en rien à
la statique générale, que l'on pourrait enlever sans
que l'édifice perdît quelque chose de sa structure et
même de sa beauté. Essayez de faire subir la même
élimination au Parthénon et ce sera tout simplement
le détruire.

Rome n'a pas inventé la superposition des ordres,
elle existait à l'intérieur des temples grecs, au Parthénon comme à Pœstum où elle peut encore être
étudiée sur le monument lui-même. Seulement le
Grec savait ne faire qu'un tout des deux fûts posés
l'un sur l'autre, bien qu'il conservât à chacun sa per-
sonnalité, et il se gardait bien de coucher sur le premier rang cet entablement complet avec ses frise et corniche, fait pour supporter la toiture, non pour servir de
bandeau décoratif. Et l'inintelligence de la fonction
va si loin que, sur une colonne d'applique isolée, aux
thermes de Caracalla, dans la basilique de Constantin,
et ailleurs, le Romain place sur le chapiteau un morceau entier d'entablement avec la corniche destinée
à écarter les eaux de la muraille; notez qu'il s'agit

d'intérieurs ! Il en est ainsi au Panthéon, dans ce grand lambris de marbres précieux haut de huit mètres, qui fait le tour intérieur de la rotonde. Et adopté comme un dogme par la décadence italienne, l'énorme non sens aura la vie dure ; pendant des siècles on ne verra, en effet, dans les intérieurs d'églises ou d'édifices profanes, à Saint-Pierre de Rome, dans les églises de style jésuite, à Versailles dans la grande galerie, que pilastres supportant des corniches saillantes. Charles Garnier lui-même a donné maints exemples de cette aberration dans son Opéra ; mais il a trouvé moyen de dépasser tous ses devanciers, dans la salle même où les colonnes de pierre portent des morceaux d'entablement complet se présentant de guingois, de manière à choquer les yeux les moins familiarisés avec les principes de la sincérité et de la logique en architecture.

C'est par là que, placé historiquement entre la Grèce et le moyen âge, Rome inférieure à la première l'est aussi au second, et Taine a pu dire avec vérité, dans son *Voyage en Italie*, qu'elle avait eu seulement un demi-art (1), non un art tout entier. Toutefois elle prend sa revanche dans certains monuments d'utilité publique, les ponts, les aqueducs, les arcs de triomphe, les théâtres et amphithéâtres, les basiliques dont sortira le type de la première église latine, enfin les thermes. Je ne parle pas des temples ; romains seulement par l'ampleur des dimensions et la magnificence des matériaux, grecs d'ailleurs par la structure et le plan, ils sont assez agrandis pour rece-

_____

(1) *Voyage en Italie*, II, p. 82, édition in-8° de 1866.

voir le sénat tout entier, et devenir ainsi des salles de réunion, ce que n'était pas le temple grec, simple châsse abritant l'effigie du dieu, lieu de sacrifice et d'offrande.

Et cependant il y a, dans ces grands ensembles monumentaux créés par la magnificence romaine, un élément évolutif que l'on ne peut méconnaître. Du temple grec il ne sortira guère que le temple grec et une leçon exquise de beauté, de mesure et de goût. Un édifice comme la basilique de Constantin est tout une école, et l'art moderne en est pour une grande part sorti. Elle se composait d'une nef en voûte d'arête, flanquée latéralement de trois berceaux dont les axes étaient perpendiculaires au grand, ce qui engendrait de puissants murs de refend auxquels correspondaient les colonnes dont j'ai déjà parlé (1), et qui supportaient les retombées de la maîtresse voûte. Mais pour achever de contrebuter celle-ci, l'architecte avait dressé entre les berceaux secondaires de véritables contreforts aériens et qui, percés par des baies cintrées, peuvent passer pour des arcs-boutants rudimentaires. La basilique constantinienne est vraiment un beau thème et original, qui prouve combien demeurait florissante et féconde en ressources l'architecture romaine, alors que la sculpture était, et pour de longs siècles, dans la pire décadence.

Aujourd'hui et depuis un temps immémorial, la basilique de Constantin est aux deux tiers détruite ; la grande nef a disparu et le monument dépouillé ouvre

____

(1) Une de ces colonnes a été dressée avec son morceau d'entablement sur la place Sainte-Marie-Majeure.

béantes au-dessus du Forum les trois grandes voûtes en briques du collatéral de droite. Ce n'en est pas moins une des plus nobles ruines de Rome, et on enrage en pensant au vandalisme qui a détruit presque entièrement un édifice dont on aurait pu si aisément faire une église au moins égale au Panthéon. Aux voûtes conservées je vois la trace en creux des grands caissons octogones qui avaient reçu des parures de bronze doré, de stuc ou de mosaïque; et je remarque le même défaut d'échelle qu'au Panthéon; manifestement trop importants, ils alourdissent la voûte plus qu'ils ne la décorent et les ornements disparus devaient les rendre plus démesurés encore. Ah que Rome est loin d'Athènes et de notre moyen âge!

Ce désaccord que j'ai indiqué entre le fond et la forme, la structure et la décoration des édifices romains finit par irriter l'esprit. On se lasse vite de ces murs, de ces arcs, de ces voûtes, qui sont non les restes des monuments ruinés, mais tout au plus leurs ossements et leurs squelettes effrités. L'imagination a vraiment trop à faire pour reconstituer ce qui a été à l'aide de ce qui est; certes, il se dégage de ces restes une impression de grandeur toute romaine, et au point de vue de l'art, ces masses déchiquetées qui, sous les rayons inclinés du soleil, s'enflamment comme de gigantesques cristaux en fusion, font de belles taches rougeoyantes dans l'espace. Mais la moindre ruine du moyen âge me satisfait cent fois plus l'esprit et les yeux que tous les sépulcres de la voie Appienne, les murailles, les arcs, les voûtes de la villa Hadriana et des thermes de Caracalla, parce qu'elle nous apparaît comme le débris d'un organisme vivant. C'est comme une belle statue rompue et fruste, qui pourtant montre encore identifiés, l'une à l'autre, sa structure et sa forme extérieure, non le support dépouillé d'une parure tout extérieure, d'un émail brillant jeté sur la pauvreté des dessous, et dont le souvenir, la poussière même n'existent plus (1).

Superposé à l'art romain, condamné du reste aux mêmes errements par la tradition de race et la nature des matériaux, l'art italien manque également de sincérité. Si on laisse de côté les premières églises qui sont des basiliques païennes à peine modifiées; Saint-Pierre de Rome, simple apparence de pierre et de marbre jetée sur une carcasse de briques ou de blocages; les cathédrales de Pise et de Milan qui, elles, sont à peu près en marbre plein, le système romain du revêtement triomphe dans la plupart des églises italiennes. Encore cette pellicule décorative manque-t-elle souvent. A Saint-Pétrone de Bologne, l'immense vaisseau n'a reçu sa décoration en marbre sculpté qu'aux soubassements et autour des portes, le reste n'est qu'une masse brute de la plus affligeante nudité.

---

(1) Parlant des restes de l'amphithéâtre de Tolède, Théophile Gautier — *Voyages en Espagne* — dit que cela ressemble parfaitement à un champ labouré, « comme toutes les ruines romaines en général, d'ailleurs ». Le mot est joli et presque exact, appliqué aux quelques pierrailles qui subsistent des arènes tolédanes, mais c'est de l'esprit, et les ruines de la villa Hadriana, comme celles des thermes antonins, ne ressemblent nullement à un champ labouré où la charrue seule a contact avec les racines ensevelies des anciens édifices. Il peut y avoir d'ailleurs bien des trésors cachés dans un champ labouré, seulement c'est butin pour l'archéologue plus que pour l'artiste. Or Théophile Gautier était avant tout un artiste; il lui fallait des spectacles moins abstraits que ceux de ces ruines dont le plus grand prix est dans les souvenirs évoqués.

A la cathédrale de Florence, Sainte-Marie de la Fleur, la parure adventice est presque entière, toutefois la façade n'a été revêtue qu'à la fin du xix⁰ siècle, et comme au tambour de la coupole de Brunelleschi, les panneaux de marbre plaqué n'arrivent pas tout à fait au niveau du chemin de ronde, il reste encore quelques mètres dénudés qui montrent à vif la simplicité abrupte de la construction. A Saint-Laurent, la paroisse des Médicis et le lieu de leur sépulture, la façade en arrachement et comme « écorchée », le mot est de Taine, attend depuis des siècles une décoration d'applique pour laquelle on avait demandé des projets à Raphael et à Michel-Ange. On éprouve du reste quelque lassitude à retrouver à San Miniato, à Sainte-Marie Nouvelle, à Sainte-Croix, comme à Sainte-Marie de la Fleur, ce type toujours le même de façade en panneaux de marbres colorés qui font penser à ces riches cabinets italiens dont la structure élémentaire se dissimule sous des applications parasites de bronzes dorés, de pierres fines et d'ivoire. Ah ! malgré tout le brillanté des surfaces, combien ce système le cède à nos loyales constructions médiévales, à notre art français du meuble si sincèrement taillé en plein noyer ou en plein chêne ! En Italie c'est toujours le même parti, la façade n'est que la section décorée des trois nefs inégales, point de tours, l'art italien ne les emploie guère, et, comme à Florence ou à Pise, le campanile unique est le plus souvent rejeté au dehors. Par là aucune comparaison n'est possible avec les grands frontispices de l'art ogival ; de plus il n'y a rien en Italie qui rappelle, même de loin, les imageries en multitudes de Reims, d'Amiens, de Chartres et de

maintes autres cathédrales françaises ou étrangères;
j'ajoute enfin que l'art italien cherche avant tout à
offrir à la lumière des surfaces planes, tandis que celui du nord crée des ressauts énergiques où, dans un
puissant modelé, se jouent les clartés et les ombres.
C'est pourquoi je n'hésite pas à proclamer que comme
constructeurs, les nôtres sont bien plus ingénieux, plus
créateurs plus variés dans leurs effets que ceux de
l'Italie.

Je dirai un mot spécial de la cathédrale d'Orvieto;
certes avec ses bas-reliefs en marbre blanc que le
temps a doré, ses mosaïques, ses bronzes, sa polychromie intense et harmonieuse, elle produit, surtout
aux beaux soleils du soir, un effet incomparable;
mais c'est de la peinture plus que de l'architecture, et
ne regardez pas au corps même de l'édifice, vous ne
rencontreriez qu'une assez pauvre bâtisse. A l'intérieur, la haute structure en assises alternées de marbre blanc et noir frappe vivement les yeux accoutu-
més à la pierre nue de nos cathédrales françaises,
mais ce qui est marbres dans les parties inférieures
et à portée des yeux, n'est plus que peinture dans
les hauteurs. Et j'ai bien peur qu'il n'en soit ainsi
dans l'exquise cathédrale de Sienne.

Ces misères de la construction où tout est sacrifié
à un grand effet de décor se retrouvent dans maintes
églises romaines : à Rome, Notre-Dame de la Minerve,
par exemple, n'est, portail principal et faces latérales,
qu'une structure informe hideusement badigeonnée
en jaune; à Saint-Pierre-es-Liens, le portique intérieur de la dernière insignifiance est surmonté d'une
rangée de fenêtres à persiennes éclairant des loge-

ments. Les palais de Rome ne sont guère que des
masses rectangulaires et grandioses où il y a plus de
briques et de ciment que de pierre ; du moins, je parle
de quelques-uns comme les palais Borghèse et Far-
nèse, prennent-ils leur revanche dans les cours inté-
rieures dont les portiques sont d'une majesté vraiment
romaine. Mais je ne vois dans les villas Borghèse, Médicis, Doria-Pamphili que des masses de briques plaquées
de ciment mouluré et de bas-reliefs antiques. Les palais de Florence et de Venise sont surtout en façades,
les premiers robustes et d'une puissance qui fait penser aux constructions cyclopéennes éparses dans l'ancienne Etrurie ; les seconds d'une richesse variée et
d'une fantaisie excellente. Mais dans les uns comme
dans les autres, les parties latérales sont le plus souvent
négligées ; le Grand Canal de Venise est la plus belle
rue du monde, je le veux bien, toutefois ses rives
montrent de simples décors de marbre et sans profon-
deur ; ne faites pas le tour de ces logis, palais par
leurs devantures, masures par le reste.

Il y a plus de sincérité dans certains édifices loya-
lement élevés en briques apparentes, par exemple
Sainte-Marie-des-Grâces, à Milan, et l'église de la
chartreuse de Pavie. Bien qu'inachevée, la façade de
celle-ci est assurément, la plus belle page d'imagerie
qui soit en Italie. Cependant ces morceaux de sculpture
plaqués n'arrivent pas à former un tout monumental
et vivant ; comparée à nos grands frontispices français, le portail de la Chartreuse produit plutôt l'effet
d'un retable colossal et éveille l'idée de ces palais italiens, comme la villa Médicis, à Rome, où la plus pauvre
bâtisse se revêt de bas-reliefs antiques accrochés sur

la face extérieure comme aux murs d'un musée.

A tout prendre les constructeurs italiens ont été manifestement inférieurs à ceux de l'ancienne Rome ; si Brunelleschi a su poser sans contreforts sur un tambour octogone la coupole de Sainte-Marie de la Fleur et rivalisé ainsi avec le Panthéon d'Hadrien, c'est une exception et dans les voûtes de leurs églises, même de leurs cloîtres, les architectes du moyen âge et de la Renaissance n'ont jamais égalé ce qui se faisait couramment en France, en Allemagne, en Angleterre, dans tous les pays enfin où régnait l'art, dit gothique, un terme impropre, assurément, qui a du moins l'avantage d'être compris de tout le monde. Les Italiens se sont tirés d'affaire quand il s'agissait d'églises à charpente apparente ou à plafond, et ce serait bien mal apprécier la vérité des choses que de louer l'architecte de la cathédrale de Pise d'avoir évité les arcs-boutants, puisque la grande nef n'a jamais été voûtée. Taine admire qu'à la cathédrale de Florence, les murs se soutiennent d'eux-mêmes sans ces arcs-boutants qu'il compare ailleurs aux « pattes d'un crabe » (1) ; qu'il n'ait pas vu les artifices de la cons-

_____

(1) C'est au sujet du Colysée que Taine a employé cette expression : « L'édifice s'appuie sur lui-même, inébranlable, combien supérieur aux cathédrales gothiques avec leurs contreforts qui semblent la patte d'un crabe. » *Voyage en Italie*, I, p. 30. Je ne reprocherai pas à Taine de mettre des contreforts là où il s'agit manifestement d'arcs-boutants ; mais il est bien évident qu'il comprend mal la structure du Colysée, dont la masse, ne reposant pas sur le principe de l'équilibre comme une cathédrale ogivale, se soutient d'elle-même, par son propre poids et sans artifice. A vrai dire, il y aurait bien des observations de ce genre, sans compter les autres, à faire sur le *Voyage en Italie*.

truction dissimulés sous le riche vêtement des marbres colorés, passe encore, mais pourquoi ne rien dire de ces tirants de fer qui raidissent les grandes voûtes de la nef ? Ah! ces tirants de fer, souvent même de bois, on les retrouve partout en Italie où, pour nos yeux de septentrionaux, ils gâtent irrémissiblement tant d'intérieurs. Ce n'était pas la peine, en vérité, d'anathématiser les loyaux arcs-boutants dont l'art ogival a su faire une beauté de plus, pour les remplacer par quelque chose de beaucoup plus laid, surtout en ce que cela semblé un bandage ajouté après coup pour retenir des arcs prêts à se rompre. Et ces malheureuses tringles on les retrouve jusque dans les cloîtres, à Saint-Laurent de Florence, à la chartreuse de Rome: c'est une formule sacramentelle, on dirait vraiment que les constructeurs n'ont pas même su maintenir et rendre stables les voûtes les plus légères et de la portée la plus modeste. Enfin là même où elle n'est pas apparente, l'armature métallique n'en existe pas moins ; vous ne l'apercevez nulle part à Saint-Marc de Venise, mais montez dans les galeries hautes d'où l'on a de si belles plongées sur les profondeurs émaillées des coupoles et des nefs, partout vous verrez des barres de fer raidissant, pour la faire vivre, une structure croulante.

Pour soutenir une voûte il y a trois partis à prendre ; on peut, comme les Romains, la maintenir en noyant la puissance des poussées dans la masse des supports ; ou bien, c'est ce qu'a fait notre moyen âge, la contrebuter par la poussée contraire d'autres arcs, enfin prévenir la tendance à l'écartement par des tirants visibles; ainsi ont procédé les Italiens. Le système romain est incompatible avec nos structures, restent donc les deux autres. Mais je crois que pas un homme du nord n'hésitera dans son choix.

Certains intérieurs italiens échappent d'ailleurs à la tyrannie des barres de fer et de bois apparentes; on n'en rencontre ni dans la cathédrale de Milan, ni dans celle de Côme, ni dans l'église de la chartreuse de Pavie, et ce ne sont pas des moindres parmi les édifices religieux de l'Italie.

Ma conclusion sera donc celle-ci; héritier de l'art romain, l'art italien manque, comme lui, de cette haute vertu, la sincérité, qui fait si admirables, si satisfaisantes pour l'esprit, la raison et les yeux, les œuvres écloses dans le nord, du xiie au xvie siècle. C'est une vérité que rend palpable l'impression reçue des ruines de la villa Hadriana comme des thermes de Caracalla; et je terminerai par ceci: quand on arrive à Rome par la gare di Termini, on cherche des yeux les restes des thermes de Dioclétien, et on est tout surpris, tout déçu de les rencontrer sous les apparences de masures en briques, frustes, effritées, sans forme monumentale, amorphes, pour ainsi dire et c'est une désillusion qu'amortit à peine le beau vaisseau de l'église Sainte-Marie-des-Anges qui se cache ample et blanche sous ces ruines sans noblesse et écrasées. Eh bien, il en est de même à Florence; j'ai parlé du misérable mur droit et nu qui est toute la façade de Saint-Laurent; faites le tour de l'édifice et vous rencontrerez partout la même misère, le même aspect de bâtisses dépouillées; c'est cependant derrière ces murs de prison qu'il faut chercher les marbres de la chapelle de Michel-Ange, comme les richesses, non plus d'art, mais de luxe morne de l'octogone où reposent les derniers Médicis.

IV

Après une promenade de deux heures, je reprends le chemin de la gare ; on dit le sol de la villa si bien semé de débris de marbres qu'il n'y a qu'à se baisser pour remplir ses poches des échantillons les plus rares. Ou j'ai été un maladroit, ou la villa a été si bien exploitée qu'il n'y reste plus rien, en tous cas je n'ai pas poussé du pied un caillou digne d'être recueilli.

Le temps continue d'être très beau, cependant quelques nuages blancs s'arrondissent dans le ciel, d'autres semblables à des fils de la Vierge s'enlacent tenus et longs à mi-hauteur des montagnes. Le train est en vue au moment où j'arrive au quai d'embarquement. Bientôt la locomotive, soufflant comme un remorqueur, nous hale obliquement parmi les oliviers aux troncs énormes, caverneux, bossués comme des stalagmites végétales ; à mesure que l'on s'élève sort des profondeurs et se creuse la campagne romaine que l'on dirait saupoudrée de poussière de lycopode. Un arrêt, la voie se brise en un lacet aigu et la machine nous prenant en queue pousse le train vers l'ancien Tibur, le Tivoli d'aujourd'hui, dont le nom, prestigieux est, pour la plupart des hommes du nord, synonyme de lieu de délices. Il en faut rabattre quelque chose. Comme ancienneté Rome le cède à

Tibur, colonie sicule vieille déjà de plusieurs siècles alors que les hameaux épars sur les collines faisant cercle autour du marais destiné à devenir le Forum, ne formaient pas encore la ville de Romulus. Par la nature et l'art Tibur était une position très forte, toutefois Camille la prit aisément en 380 av. J.-C. et l'incorpora pour toujours à la confédération latine.

Quarante ans plus tard, en l'an 440 de Rome — 313 av. J.-C. — Tibur fut mêlé à un épisode de la vie romaine que raconte Tite-Live, IX, 30, en s'excusant presque de mêler un fait aussi insignifiant au récit de la grande guerre du Samnium. Il n'est pas si coupable que cela, et ces scènes d'opérette nous intéressent beaucoup plus que tant de belles harangues où se plaît l'historien dont Quintilien a dit qu'il fut « In historia orator ». C'était sous la censure mémorable d'Appuis Claudius bientôt demeuré seul en fonctions par la retraite volontaire de son collègue Caius Plantius ; les Claudes n'étaient pas d'humeur aimable et même parmi les durs Romains de vieille roche, passaient pour des gens d'esprit chagrin. Cet âpre caractère sabin s'incarnera souverainement bien des siècles après dans Tibère. C'est ce même Appius Claudius qui construisit la voie Appienne et amena les premières eaux de source à Rome, l'aqua Claudia, par un aqueduc aboutissant au Palatin. « Viam munivit et aquam in Urbem duxit », dit sobrement Tite-Live.

Or, il y avait à Rome une corporation puissante, un syndicat, dirions-nous, celui des joueurs de flûte, *tibicines*, qui avaient un rôle important et obligatoire

dans les sacrifices et les funérailles. D'après la cons-
titution de Servius Tullius, avec les *cornicines*, trom-
pettes, ils composaient trois centuries (1) ajoutées aux
trente de *seniores*, hommes mûrs formant la réserve,
l'armée territoriale, et les *juniores*, jeunes gens consti-
tuant l'armée active, formaient la cinquième des six
classes. Se sentant nécessaires, ces musiciens, je parle
seulement des *tibicines*, les *cornicines* constituaient
la musique militaire, étaient devenus facilement d'une
vanité et d'une exigence insupportables ; de plus
ils aimaient fort la bonne chère largement arrosée,
et un usage antique leur donnait place aux banquets
sacrés qui avaient lieu dans le temple de Jupiter,
c'est-à-dire au Capitole. Les censeurs prétendirent
leur enlever ce droit qui reposait sur une longue
tradition, argument à la vérité d'une grande force
chez une nation aussi formaliste que le peuple romain,
et limitèrent à dix le nombre des musiciens employés dans les cérémonies funèbres ; les flûteurs
délibérèrent tout aussitôt de se mettre en grève ; mais
on ne concevait pas à Rome la grève sur place, on ne
la comprenait — rappelons-nous les fameuses retrai-
tes du peuple sur le Mont Sacré — que comme un
exode, et le lieu choisi pour celui des irrita-
bles virtuoses, fut Tibur, qui est à 25 kilom. environ
de Rome.

Grand fut l'émoi dans la ville, plus de musique
pendant les sacrifices et dans les cortèges funéraires ;
pour des Romains le fait était d'une gravité excep-

(1) Tite-Live, I, 43.

tionnelle, et il alarma « la religion du Sénat ; Ejus rei religio tenuit senatum ». On dépêcha aussitôt à Tibur pour engager les habitants à décider les exilés volontaires au retour ; on le promit, les grévistes furent donc appelés dans la curie et engagés honnêtement à retourner à Rome avec leurs instruments ; belles paroles et compliments perdus. Ce que voyant les malins Tiburtins laissent pendant quelque temps les musiciens tranquilles, puis un jour de fête, usant d'une ruse en rapport avec « le caractère de cette espèce de gens — haud abhorrente ab ingeniis hominum », chacun les invite séparément à des festins dont leur talent rehaussera l'éclat ; on les grise, ce à quoi on n'a aucune peine, si bien qu'ils s'endorment. Alors on les entasse sur des chariots munis de grandes claies formant cage, on les transporte à Rome, et on les laisse encagés en plein Forum. En s'éveillant, ils se trouvèrent au milieu d'une foule qui les contemplait curieusement en se moquant d'eux. Ici, il faut emprunter quelques traits à Ovide, *Fastes*, VI ; il nous apprend que, pour les faire échapper aux quolibets, le censeur Plantius autorisa les pauvres musiciens à se vêtir de robes de femmes et à se disperser inconnus dans la ville. Du reste les pouvoirs publics se montrèrent bons princes et rendirent aux fugitifs leur place dans les banquets sacrés toutes les fois qu'ils joueraient dans les sacrifices.

Mais à Rome dans ce pays conservateur quand même des formes anciennes, un tel fait ne pouvait se passer d'une consécration officielle et tous les ans, aux ides de juin, les joueurs de flûte avaient la permission de se promener par la ville pendant trois jours, déguisés en femmes et en se livrant à toute la licence de leur joie :

Et canere ad veteres verba jocosa modos,

dit Ovide.

Quand l'Italie eut été pacifiée, Tibur perdit son importance stratégique et devint un lieu de villégiature pour les riches Romains. J'ai dit que l'air en passait pour le meilleur des environs de Rome; aussi les villas y étaient-elles nombreuses, on citait celles de Mécène, de Varus, de Catulle, des Pisons, ces poètes amateurs amis d'Horace qui leur a dédié l'épître appelée depuis l'*Art poétique*, un titre bien pompeux pour cet agréable recueil de lieux communs joliment présentés; après tout, Horace a-t-il jamais fait autre chose? Mais au second siècle, la création de la villa Hadriana, ce Versailles impérial, qui fut pour un temps le siège du gouvernement, dut nuire à Tibur délaissé sur son rocher de tuf. Au moyen âge la possession de la ville fut disputée entre les factions qui déchiraient l'Italie; gibeline, c'est-à-dire du parti impérial, elle ne tomba définitivement sous la domination pontificale qu'en 1460, et le pape Pie II, Æneas-Sylvius-Piccolomini, — 1459-1464 — la dompta par la construction d'une forteresse; l'histoire de Tibur est désormais finie et le Tivoli moderne redevint ce qu'il était au temps des empereurs, un lieu de plaisance. C'est de plus un but d'excursion obligatoire pour tout visiteur de la Ville éternelle.

A travers des rues étroites, brisées, mais gaies et toutes pavoisées en l'honneur de je ne sais quel anniversaire ou fête, l'omnibus me conduit à l'hôtel de la

Sibylle où logea Chateaubriand, le 10 décembre 1804. Sur la terrasse chargée, hélas, de tables à nappes blanches, se dresse cet aimable temple circulaire et corinthien dont se voient partout les images plus ou moins romantiques. Des dix-huit colonnes du portique, dix sont debout portant leurs chapiteaux à acanthes et une frise d'excellent travail. Les archéologues ont noté que la porte et les fenêtres vont en se rétrécissant de bas en haut, ce qui est d'une bonne tradition grecque; je ne pense pas cependant que ce joli monument remonte plus haut que le premier siècle de l'ère chrétienne. Il est du reste fort noirci et d'un ton de suie point désagréable à tout prendre, parce que cela ne va pas jusqu'à l'encrassement. Mais les tableaux, dessins et gravures sans nombre qui ont popularisé Tivoli, ses abîmes et ses temples, arrangent un peu les choses. Le gracieux édicule ne s'élève pas sur un rocher projeté au-dessus des profondeurs où tombent les cascades; il en est à demi séparé par la terrasse du restaurant. Du reste on conteste aujourd'hui que ce soit le temple de la sibylle Tiburtine, et après l'avoir mis sous le vocable de Vesta, on lui donne volontiers aujourd'hui celui d'Hercule Saxanus. Le sanctuaire de la Sibylle (1) serait plutôt le petit édifice rectangulaire que l'on voit auprès.

(1) La sibylle de Tibur ne figure pas dans les pendentifs de la Sixtine où Michel-Ange a mis les sibylles Persica, Erythrea, Delphica, Cumea et Lybica. C'est probablement la sibylle de Tibur qui apporta au roi Tarquin l'ancien les livres sibyllins. On sait le rôle que la tradition donnait aux sibylles dans les prophéties des évènements messianiques: *Teste David cum Sibylla,* est-il écrit dans le *Dies iræ.*

Un rapprochement se fait naturellement entre la rotonde de Tivoli et le petit temple aussi corinthien et circulaire que l'on voit à Rome, en face de l'église Santa-Maria in Cosmedin. Il a passé longtemps pour être celui de Vesta, mais on sait maintenant que le sanctuaire où brûla pendant tant de siècles le feu sacré, était au Forum ; la vérité d'aujourd'hui est que ce serait le temple d'Hercule Victor (1). La forme circulaire des deux petits sanctuaires de Rome et de Tivoli, attribués l'un et l'autre au culte d'Hercule, ne prouverait-elle pas la persistance de la tradition devenue confuse qui faisait d'Héraclès un dieu solaire ?

En forme d'un fer à cheval très ouvert et tout tapissé de stalactites et de verdures, arbustes drus, mousses luisantes, chevelures de lianes, l'abîme de Tivoli est éternellement rempli d'une pénombre humide et fraîche. Les cascades s'y déroulent comme de longs rubans moirés et tombant sur les stalagmites mamelonnées qui tapissent le fond s'y dispersent en écume. Au temps des grandes eaux ce doit être un spectacle rare et un vacarme assourdissant, en cette fin de septembre les chutes sont encore belles, mais avec plus de grâce que de puissance. Du reste ces effets d'hydraulique sont en partie artificiels ; dès le xviiie siècle on s'inquiéta de mettre Tibur à l'abri des crues subites et formidables de l'Anio ; la petite ville était

(1) Le petit temple de Rome aussi noirci que celui de Tivoli est de même style, c'est-à-dire excellent ; la précinction des colonnes est entière, mais l'entablement a disparu et un vilain toit en cône aplati pose directement sur les belles acanthes des chapiteaux.

dans la même situation que celles dont sont couvertes les pentes du Vésuve, seulement ce n'étaient pas les courants laviques, mais les éruptions d'eau qui la menaçaient sans cesse des catastrophes les plus soudaines. Rien, en effet, dans nos climats, ne peut donner l'idée de ces inondations subites ; en quelques heures un ruisseau inoffensif devient un fleuve torrentueux qui emporte tout. Les Romains disciplinaient volontiers les rivières, et prétendaient leur imposer comme aux nations la paix romaine ; cependant ils n'ont su préserver ni Rome du Tibre, ni Tibur de l'Anio (1). Au xviiie siècle des travaux avaient déjà été entrepris et que l'on croyait suffisants ; mais ils n'empêchèrent pas la crue qui, en 1825, renversa la moitié de Tivoli. L'état actuel remonte au pape Grégoire XVI — 1831-1846 — et les rochers sur lesquels s'élève Tivoli, *Urbs pensilis*, ne sont plus qu'un réseau de souterrains et de tunnels de décharge. Depuis ce temps la ville repose en paix sur son promontoire parcouru dans ses profondeurs par les eaux courantes.

A quelques centaines de mètres de la campagne romaine dévorée par le soleil, l'abîme du Tivoli produit une impression reposante de fraîcheur ; l'aspect de la ville suspendue au-dessus des eaux fait penser à la Suisse, mais les toits aplatis et l'intensité du ciel bleu annoncent bien l'Italie. Au plus bel endroit s'étalent la terrasse et l'ample enseigne d'un café res-

---

(1) La chute de Terni est en partie l'œuvre du travail romain. Le gouvernement italien a mis Rome à l'abri des inondations — encore il faudra voir — en endiguant le Tibre dans des quais surélevés qui ensevelissent tous les anciens quartiers. C'est fort laid.

taurant ; je n'ai rien vu de plus fâcheux, de plus bête, même en Suisse, même au Mont-Saint-Michel.

Si la main de l'homme est intervenue ici pour diviser et régler le cours des eaux, son travail n'est plus visible aujourd'hui ; la nature, en effet, a compris ce que l'on attendait d'elle, et en soixante-dix ans le jeu des dépôts calcaires a rendu à l'abîme toute sa rusticité première. Çà et là d'énormes concrétions de travertin présentent une forme sphéroïdale d'une régularité parfaite, phénomène expliqué par sir Charles Lyell : « Cette tendance à une structure mamelonnée et globulaire, dit-il, tient à la facilité avec laquelle la matière calcaire est précipitée en quantité presque égale sur tous les points de chaque fragment de coquille ou de bois, ou à l'irrégularité de la surface sur laquelle coule l'eau minérale, la forme du noyau étant promptement transmise à toutes les enveloppes successivement déposées (1). » Et le géologue anglais compare cette formation en grand à celle des concrétions qui se déposent sur les têtes des rivets dans les chaudières des machines à vapeur alimentées par des eaux très chargées de calcaire. Il serait intéressant de couper un de ces sphéroïdes et de compter les couches concentriques dont la composition, du reste, ne doit pas être dans toutes la même, parce que les dépôts sont faits tantôt de travertin solide, tantôt de tuf spongieux et moins résistant. Plusieurs de ces dragées de pierre ont plus de deux mètres de diamètre, ce qui annonce une

____

(1) Sir Charles Lyell, *Principes de géologie*, I, ch. xvii, p. 531, tr. Ginestou.

longue période de formation sans arriver cependant aux nombres infinis de certaines époques de la durée géologique.

L'abîme vu de haut, il s'agit d'y descendre ; à la grille de sortie s'offre un guide poli et de bonnes manières ; en voyage j'aime à être seul et déteste surtout les guides patentés, mais celui-ci me plaît. D'ailleurs je ne suis pas fâché de causer un peu avec un Italien qui me parait intelligent ; j'accepte donc l'offre, fais mon prix et nous nous engageons dans un sentier qui parmi les roches éboulées, sous les abris surplombant, sinue autour de la cuve et plonge dans ce que Rabelais appellerait ses « penetissimes recesses ». Ce sentier très romantique et tracé avec intelligence, de manière à paraitre aussi naturel que possible, a été exécuté sur l'ordre du général Miollis, le gouverneur français de Rome pendant les dernières années de l'Empire. C'est très joli, mais on pense un peu aux buttes Chaumont ; de stalactite en stalactite, de détour en détour, on arrive ainsi au fond du gouffre qui n'a certainement pas plus d'une soixantaine de mètres ; on lui en donne volontiers cent et même plus, mais j'imagine que l'on calcule du thalweg de la vallée où se déversent les eaux.

La promenade aboutit à la grotte de Neptune, ainsi nommée, dit-on, par Joseph Vernet, puis audessous à celle des Sirènes, faites de rochers écroulés et toutes remplies d'eaux sonores ; je cherche à me rendre compte de ces formations géologiques et voici ce que j'imagine.

Le Teverone, l'ancien Anio prend sa source dans la montagne, à Filettino, tout au haut de la vallée de

Subiaco, et il n'y a pas d'autre émissaire pour un système orographique étendu. En tous temps les eaux très chargées de calcaire entraînent des débris divers, les roulent, les amalgament, et ont ainsi peu à peu constitué le haut et long promontoire où entre deux vallées s'éleva le vieux Tibur. Un jour, il y a peut-être des milliers d'années, ce qui est hier en géologie, se produisit un cataclysme, rupture naturelle sur un point affaibli, ou secousse sismique, et il en résulta un écroulement latéral. Les débris les plus volumineux, entraînés au loin, s'arrêtèrent, et s'arcboutant créèrent les grottes de Neptune et des Nymphes. Mais le lent travail des eaux ne s'arrêta pas et patiemment, à force d'écume projetée, elles cimentèrent les blocs entrechoqués pour en faire les masses quasi homogènes que nous voyons aujourd'hui. Et les choses se sont si bien passées ainsi que les parois de l'abîme sont constituées par des lits horizontaux de tufs légers et de travertin plus solide qui se correspondent (1).

Mon guide me propose une promenade en voiture autour de Tivoli et aux cascatelles; j'accepte et nous voilà dévalant sur la route qui suit la rive droite de l'Anio, au pied des pentes arides semées d'oliviers. Le soleil qui s'incline déjà dessine en noir la silhouette brisée de Tivoli, avec des coups de lumière ardente

---

(1) Je ne connais pas d'exemple plus frappant de ce cheminement des dépôts formés par les eaux que celui-ci. Au jardin botanique de Dijon, le trop plein de la fontaine du Rosoir tombe dans le canal principal, en une chute d'environ un mètre, dont l'abrupt formé d'un conglomérat de débris végétaux cimentés par le tuf de dépôt, s'avance rapidement et barrerait bientôt la petite rivière, si on ne le coupait de temps à autre. N'est-ce pas sur une échelle minuscule, le phénomène qui a produit la montagne de Tivoli ?

sur quelques tuiles rouges. Un peu plus loin, des ar-
catures en soutènement d'une bâtisse romaine s'é-
chappent les fameuses cascatelles; on donne ces
ruines pour celles de la villa où, en l'an IX av. J.-C.
serait mort ce Caius Cilnius Mæcenas, le descendant
des anciens rois d'Etrurie au dire d'Horace qu'il pen-
sionnait, dont le nom est devenu synonyme de protecteur intelligent, généreux et pas trop incommode,
notez ce dernier point, des artistes et des poètes. On
conteste aujourd'hui, je ne sais sur quelles preuves
ou demi-preuves, que ces substructions appartiennent à la villa du grand ministre; quoi qu'il en soit,
ce sont des ruines romaines et d'une villa importante; c'est aujourd'hui une usine et là, m'apprend
mon guide, se produit l'électricité qui alimente Tivoli
de lumière et de force. Les cascatelles aimées des
poètes sont donc devenues de la houille blanche, mais
sans qu'apparaissent au dehors les indices d'une uti-
lisation industrielle.

Ce sont des chutes formées par les eaux de l'Anio
que n'a point attirées le gouffre supérieur ; elles tombent d'abord sur les ressauts de la pente, s'y reposent
un instant, puis, parmi les rochers et les arbres, s'égrè-
nent, s'éparpillent en flots blancs avant de porter leur
écume dans la rivière. Je remarque, dans ces nappes
tombant en longues banderoles ou écroulées en rapides abrupts, les moirures qui sont comme les pul-
sations artérielles de l'eau en mouvement. On comprend que les anciens aient cru à la vie des fontaines
et des fleuves, à la divinité des sources considérées
non comme l'émanation d'un être caché, mais le dieu
lui-même agissant et visible.

Mon guide qui parle fort bien français, avec moins d'accent que moi et cause agréablement, ni trop, ni trop peu, me montre sur la hauteur, en face des chutes, une maisonnette blanche avec quelques racines de murs peut-être antiques : « La maison d'Horace », me dit-il négligemment. Je lui réponds que le *Sabinum* du poète était loin d'ici et beaucoup plus avant dans la montagne ; il sourit : « Vous avez raison, la villa était là-bas », et il désigne un point vers le nord-est, « mais nous disons cela parce que les voyageurs y prennent plaisir d'ordinaire ». En effet, pour trouver le petit bien qu'Horace tenait de son protecteur, il fallait remonter l'Anio sur la rive droite où nous sommes, en suivant la voie Valeria qui conduisait dans le pays des Marses, et longeant l'aqueduc de l'aqua Marcia, puis dépasser Varia, aujourd'hui Vicovaro. Alors, sur la gauche, s'ouvrait au nord la vallée du Digentia, la Licenza actuelle, dont parle Horace dans son Epître à Lollius (1) :

> Me quoties reficit gelidus Digentia rivus,
> Quem Mandela bibit, rugosus frigore pagus.

Là, quittant la voie Valeria, on arrivait à Fanum Vacunæ, Rocca Giovone ; le petit domaine d'Horace, son *agellus*, se trouvait sur la rive droite du Digentia, en un lieu relevé que l'on place volontiers au-dessus dé la chapelle de la *Madonna della casa*. Le poète se plaisait dans cet ermitage au climat sain et frais, où il récoltait un peu de tout même du vin, qui, pour être médiocre, ne lui en agréait pas moins. Il n'aimait pas

(1) Livre I, Epitre 18, in fine. Mendela a conservé son nom.

Rome dont la vie intensive et le climat ne convenaient pas à sa santé délicate ; aussi à l'aurore des beaux jours allait-il se cacher dans son cher Sabinum où il a certainement composé le meilleur de ses œuvres (1). Là, en pleine liberté, dans cet air salubre bon à aiguiser l'appétit, il acquit cet embonpoint un peu maladif qui, joint à sa très petite taille (2), fit de lui le type de ce que l'on appelle en France un « pot à tabac ». Je ne sais si c'est là qu'il mourut, à 57 ans, l'an VII av. J.-C. (3).

Un peu plus loin que la prétendue maison d'Horace, d'autres ruines plus importantes seraient celles de la villa de Publius Quintilius Varus ; c'est encore très peu de chose. Ce Varus fut un grand personnage officiel et un esprit cultivé ; il avait mérité dans son gouvernement de Syrie une réputation qu'il perdit d'un seul

(1) Carmina IV, 2e Ad Julium Antonium :

> ...Ego, apis Matinæ
> More modoque
> Grata carpentis thyma per laborem
> Plurimum, circa nemus uvidique
> Tiburis ripas, operosa parvus
> Carmina fingo.

Le mont Matina est une montagne d'Apulie, le pays d'Horace.
Epistolæ II, 2e Ad Julium Florum

> Præter cetera, me Romæ ne poemata censes
> Scribere posse, inter tot curas totque labores?

(2) Horace nous fait lui-même son portrait — Epist. I, 20, Ad librum suum.

> Corporis exigui, præcanum, solibus aptum,
> Irasci celerem, tamen ut placabilis essem.

(3) Il nous apprend lui-même — Carmina, III, 21 : Ad amphoram — qu'il était né sous le consulat de Manlius, l'an 689 de Rome, 64 av. J.-C., et Epistolæ, I, 20, Ad librum suum, le 11 décembre.

coup dans celui de Germanie ; en l'an IX ap. J.-C. il
fut attiré par Arminius dans la forêt Teuteberg, Det-
mold, entre l'Ems — Amissa — et la Lippe — Luppia —
trois légions furent anéanties et Varus blessé se tua.
Six ans plus tard, le fils de Drusus le frère de Tibère,
et d'Antonia la nièce d'Auguste, Tiberius Drusus Nero
Germanicus, un jeune prince de 31 ans devenu par
adoption le fils de Tibère, pénétrera à son tour dans
la forêt fatale, mais en vainqueur et rendra les honneurs funèbres aux ossements blanchis des légions, ce
qui nous a valu le beau récit oratoire de Tacite (1).

Tous ces vieux souvenirs classiques donnent du
charme à cette vallée un peu âpre malgré ses belles
eaux, et qui, sans la lumière romaine, paraîtrait bien
inférieure à tel site même secondaire de nos Alpes.
Cependant il faut songer au retour, mais au moment
où je vais donner au cocher l'ordre de reprendre le
chemin de Tivoli où je tiens à visiter à mon aise la
villa d'Este, mon guide me montre au loin, sur un
ressaut des collines, à une dizaine de kilomètres, au
moins, un village blanchâtre que la transparence de
l'air fait singulièrement distinct : « Mentana, » me dit-
il, c'est l'ancien Nomentum où conduisait la via Nomentana partie de la porte Pia actuelle, « voilà où
étaient les Garibaldiens, le 3 novembre 1867 et par
où vinrent les Français. » — Vous êtes trop jeune, lui
dis-je, pour avoir conservé un souvenir personnel du
combat. — Oui, mais j'en ai tant entendu parler et si
souvent qu'il me semble y avoir assisté moi-même.
Ah ! j'aurais bien voulu voir Garibaldi ! — Eh bien,

(1) *Annales*, I.

je l'ai vu, moi. — Où cela, me dit-il, en me regardant brusquement ? — Mais en France, à Dijon — Ah ! je sais, à Rome, au pont Garibaldi, il y a inscrit parmi beaucoup d'autres noms, celui de Digione, c'est Dijon, n'est-ce pas ? — Oui, je l'ai lu comme vous. — Donc, vous avez vu Garibaldi ! Je sais bien qu'il a été vaincu à Mentana, tout le monde, lui le premier, le savait d'avance ; mais cela nous tenait en haleine, nous sentions que nous ne pouvions pas avoir Rome du premier coup, nous l'avons maintenant.... » Ici, il s'arrêta, ne sachant pas à qui il avait affaire, mais ne put se tenir d'ajouter d'un ton de douceur convaincue et impérieuse: « Et ce n'est pas fini, tout ce qui est italien doit être à nous. »

Je ne jugeai pas à propos de pousser la conversation plus loin ; sur Rome j'étais tout à fait d'accord, pour moi il y a chose jugée. Jamais Rome, passée de 180.000 habitants à 400.000 et devenue, comme toutes les autres capitales de l'Europe, une grande ville démocratique, ne se réduira au cadre aboli de la Rome pontificale d'il y a quarante ans; il suffit de la traverser dans toute sa largeur, de la gare à Saint-Pierre, pour comprendre que ne sauraient revivre certains états de choses une fois disparus; et encore le dernier terme de la croissance n'est-il pas atteint pour la Ville éternelle (1). Il est donc très possible que l'Italie ob-

(1) Cette impression emportée de Rome est absolue; sans doute l'œuvre piémontaise, comme on dit, est funeste à la beauté artistique de la Ville éternelle ; l'endiguement du Tibre est une chose assez abominable, les nouveaux quais enterrent si bien les anciens quartiers que l'embouchure de la *Cloaca maxima*, écrasée sous cette haute muraille d'ingénieur, est devenue presque invisible et ressemble à n'importe quel soupirail d'égout. Les quartiers nou-

tienne un jour le Trentin ; mais pour Trieste, c'est une autre affaire et je doute que l'Allemagne consente jamais à abandonner le grand port qui est son débouché nécessaire, sur l'Adriatique et la Méditerranée. Je garde naturellement ces observations pour moi, n'ayant aucune envie de contredire, de contrister, d'irriter peut-être un brave homme que je sens irrédentiste, comme l'est d'ailleurs la nation italienne tout entière, côté noir comme côté blanc.

Nous rentrons dans Tivoli ; pendant notre promenade l'ombre fine du soir tombant s'est encore épaissie dans l'abîme où se condense une légère buée ; la lumière s'est faite perlée dans les rues étroites entre les hautes maisons grises, et au-dessus la longue traî-

veaux sont d'une banalité rare ; les maisons de rapport plongent vilainement les regards de leurs cinq étages dans le cloître de la Chartreuse, submergent Sainte-Marie-Majeure et poussent déjà leurs travaux d'approche vers le Colysée et Saint-Jean de Latran. Mais il ne faut pas s'imaginer, comme on le répète trop facilement, que ces nouveaux quartiers soient des ruines neuves, abandonnées avant d'être achevées. Il est évident que la croissance de la nouvelle Rome a été trop rapide et a subi des temps d'arrêt désastreux pour les spéculateurs et les capitalistes. Mais sur la rive gauche les maisons nouvelles sont habitées jusqu'aux combles, et quant à la ville annexe qui, sur la rive droite, se découpe en rectangles infinis dans les Prati Castelli, au pied du château Saint-Ange, si la plantation n'en est pas achevée, si nombre de logements sont encore inoccupés, il s'en faut de beaucoup, cependant, que ce soit une nécropole inhabitée et croulante. Les faubourgs de toutes les grandes villes en voie d'accroissement présentent le même aspect de devenir, et ce qui commence ressemble fort à ce qui finit. Ce quartier abominablement laid, d'ailleurs, enveloppe à demi le nouveau Palais de justice en construction, ample et bel édifice de pierre d'un style riche et orné ; ce n'est pas le grandiose des vieux palais romains, mais ceux-ci se ressemblent vraiment un peu trop et il est difficile de les distinguer l'un de l'autre. Le nouveau Palais de justice rappelle plutôt le style du nord de l'Italie.

née d'azur est devenue de satin velours. Après quelques détours nous arrivons devant un grand logis peu percé de fenêtres, l'Italien n'a pas besoin d'ouvrir de larges issues à la lumière extérieure : c'est le casino de la villa d'Este, énorme devanture sans ressaut, toute en briques revêtues, un air de masure imposante comme il s'en rencontre partout en Italie. Ce palais morne a été construit en 1549, par Piero Ligorio, pour le cardinal Hippolyte d'Este, dit le cardinal de Ferrare, le fils d'Alphonse I, duc de Ferrare, et de cette Lucrèce Borgia si différente dans l'histoire du type terrible créé par le génie de Victor Hugo. Né en 1509, promu cardinal en 1538, il mourut en 1572 ; jeune, il connut et protégea l'Arioste, vieux, le Tasse. Alphonse II reçut à Tivoli l'auteur de la *Jérusalem délivrée*, et on dit que la villa inspira au poète sa description des jardins d'Armide ; le Tasse dut se rencontrer ici avec la sœur du prince, cette Eléonore qu'il eut la folie d'aimer, et c'est, je pense, à Tivoli que se passe l'action, si action il y a, de *Torquato Tasso*, la profonde et ennuyeuse tragédie de Gœthe.

Je règle avec mon cocher qui m'écorche poliment, mais je n'ai rien à dire, n'ayant pas eu la prudence de faire mon prix, et moyennant un droit de 1 fr., j'entre à la villa. Nous traversons des salles obscures, vides, où tombent en lambeaux des fresques délavées ; peut-être ne sont-elles pas à dédaigner étant de deux décorateurs estimables de la décadence, Federigo Zuccaro, mort en 1609, et Girolamo Muziano, 1530-1592 ; mais en Italie on se lasse vite de ces improvisations perpétuelles du pinceau et on en vient à ne plus remarquer que les vrais chefs-d'œuvre. Ceux-ci, du

moins, donnent des sensations autres que les tableaux
et souvent supérieures (1). Je traverse donc sans m'y
arrêter les salles dévastées et mornes, en hâte d'arriver aux fameux jardins dont je perçois le murmure
grandissant.

De ce côté le casino domine un haut emmarche-
ment fait de terrases, de perrons, de rampes finissant
en une banquette moussue où se succèdent les courbes claires d'une série de fontaines. Puis c'est tout
aussitôt la verdure épaisse, bronzée des pins, des
cyprès mêlés aux frondaisons caduques des platanes ;
le plan très simple est celui déjà rencontré au jardin
de la villa Médicis, des allées droites se coupant à
angles droits, forment au point de rencontre un car-
refour de pins prodigieux comparables à ceux de la
Chartreuse de Rome qu'a vu planter, dit-on, Michel-
Ange. Il en est dont la quenouille trop lourde, trop
vieille, s'est disjointe comme une grenade mûre, et sous
le bronze extérieur apparaît le réseau des ramilles gri-
sâtres. Tout est d'une liberté entière de végétation,
mais il y a dans ces verdures classiques une tenue
quasi monumentale et rien ne rappelle ici nos frais
et verts fouillis du nord. Pas de fleurs, point de ces
corbeilles où les coleus et les begonias semblent des
salades de légumes préparées pour l'appétit d'un
Gargantua, rien que ces grands arbres graves de couleur et de forme qu'effleure presque sans les péné-
trer la lumière. L'impression est sérieuse, non triste
toutefois, parce que au-dessus de nos têtes, le ciel

(1) Pour ne citer qu'un exemple, on ne connaît pas Andrea del
Sarto quand on n'a pas vu ses fresques de l'Annunziata et les gri-
sailles du Scalzo, à Florence.

met ses larges lambeaux bleus, et le soleil trouve
encore moyen de lancer ses flèches d'or par les moindres fissures des futaies et des taillis. On se représente
mieux ici que dans le décor d'un jardin anglais, les
cardinaux du XVIᵉ siècle se promenant sous ces portiques naturels, et sans avoir à se préoccuper de
leur chemin, devisant avec les lettrés, les poètes et
les dames. Pourtant je voudrais çà et là quelques
statues blanches. Gœthe n'a pas manqué d'en mettre
dans son décor du *Tasse.* Du reste le cardinal Hippolyte avait peuplé le palais et le jardin de statues antiques provenant de l'inépuisable villa Hadriana. Elles
sont pour la plupart au musée du Capitole, et il n'en
reste pas une seule sur place. Et là-haut, imposant,
débordant des coulisses de verdure, c'est le palais
fait pour ce jardin comme est fait pour lui le jardin.

« Mais, c'est gai comme un cimetière, » s'écrie une
voix chantante de femme, et voici venir un groupe de
deux messieurs très corrects accompagnant une dame
très peinte et à cheveux jaunes ; un des messieurs
tire sa montre : « encore une grande heure avant le
train, qu'allons-nous faire jusque-là », et ils s'éloignent,
ouf! Après tout, il faut bien reconnaître que cela ne
ressemble guère aux jolies sepias et sanguines où
l'exquis Fragonard nous donne une image pompon-
née, floconneuse et si délicieusement fausse des villas
romaines.

Les grandes beautés de la villa ce sont ses eaux ;
dans un espace qui ne dépasse pas deux hectares, et
encore ! elles tombent, jaillissent, s'étendent, infati-
gables, avec une abondance à alimenter tout Versailles.

Et limpides, et fraîches (1) ! Dans un hémicycle d'architecture exquisement usé, disjoint, tout plaqué de mousses éclatantes d'humidité perlée, la grande cascade se précipite libre pour se perdre dans un bassin parmi les moirures, les écumes et les flots d'algues effilochées (2). Qu'est au prix de ces torrents qui égalent maintes chutes des Alpes et non des moindres, notre fontaine de Médicis, au Luxembourg, un joli décor monumental bien encadré, rien de plus, ou la trop fameuse cascade de Saint-Cloud, un grand théâtre de pierre paisiblement mouillée à certains jours par de minces nappes tombantes ? Et comme ici tout ce mouvement des eaux est ménagé pour servir de perspective aux allées ! Je suis charmé aussi d'un grand bassin rectangulaire que sous la voûte des arbres entrecroisés emplit une eau vive à la transparence d'émeraude. « L'eau Mar-

(1) Jamais les bassins et jeux de fontaines n'ont eu de belles eaux à Paris; dans sa *Chronique scandaleuse ou Paris ridicule*, imprimé pour la première fois en 1668, le poète Claude Le Petit le constate déjà à propos du jardin des Tuileries. V. la strophe XVI, dans l'édition du bibliophile Jacob.

(2) Dans sa lettre XLVIII à M. de Neuilly, Charles de Brosses parle de colifichets hydrauliques d'un goût misérable qu'il y avait à la villa d'Este ; une petite Rome dont les monuments sont hauts d'une « coudée. » « Il sort de tous ces bâtiments une centaine de menus filets d'eau comme s'il y avait quelque rapport entre une fontaine et le Panthéon... au bas de ce théâtre il y a un autre bosquet d'instruments à vent, d'oiseaux qui remuent les ailes et chantent d'un ramage enroué par le moyen de conduits d'air et d'eau, et d'autres tableaux mouvants. » Ces puérilités ont disparu et je crois aussi bon nombre des fontaines dont parle de Brosses. J'en suis même à me demander s'il n'a pas brouillé dans sa mémoire les souvenirs des villas visitées par lui à Frascati avec ceux de la villa d'Este. Il est à remarquer que l'aimable conseiller — il ne sera président qu'après son retour — ne parle même pas de la vue surprenante sur la campagne.

cia, me dit mon guide, la meilleure de Rome. Comme Diogène je recueille quelques gouttes dans le creux de ma main et bois ; en effet cette eau glacée est exquise. Les Romains ont été de tout temps grands amateurs d'eau pure, et sans analyses chimiques savaient choisir à merveille les sources les plus saines pour les amener de loin dans les villes (1).

A ce moment un peintre assis devant son chevalet me demande poliment dans un jargon à demi italien, à demi français de vouloir bien me tenir une minute dans l'attitude que j'avais en dégustant l'eau Marcia ; il a besoin d'un personnage pour « étoffer » son tableau, comme on disait autrefois. J'y consens, et garde la pose une ou deux minutes, puis l'artiste me remercie ; il me montre alors son esquisse, un premier plan sombre avec un effet clair et doré sur la cascade ; ce n'est pas mal et je lui fais mon compliment.

Mon guide me demande alors si j'ai encore besoin de lui, je comprends, le paie et il prend congé en me prévenant que j'ai encore une heure à employer avant le départ du train qui est toujours en retard, surtout le dimanche ; d'ailleurs la gare est à deux minutes de la villa. Mais voici un obscurcissement soudain, un frisson agite les cimes suivi d'un crépitement qui s'accroit aussitôt, c'est une averse : « Pluie

---

(1) L'aqueduc avait à l'origine 90 kilomètres de long ; ces longueurs ont été bien dépassées pour Paris, moins favorablement situé que Rome dont la position est unique au centre d'un demi-amphithéâtre de montagnes abondantes en sources. Ainsi l'aqueduc de la Dhuys a 173 kilom., celui de l'Avre, 102, celui du Loing et du Lunain, 73.

de Tivoli, me dit mon guide en souriant, vous en avez pour un petit quart d'heure. » Puis il me salue, nous nous touchons la main, et pour la première fois depuis mon départ de Dijon, ce n'est pas contre le soleil que j'ouvre mon en-tout-cas. Le temps semble décidément tourner au mauvais, les bassins s'étoilent et clapotent, la lumière qui diamantait la cascade s'éteint, en un instant j'ai rétrogradé jusqu'à l'automne bourguignon. Cela dure dix minutes, et le soleil reparaît faisant scintiller la pluie qui tombe espacée pour s'arrêter bientôt ; le beau temps se rétablit et il ne reste d'autre trace de l'averse que le luisant des verdures mouillées.

J'ai réservé pour la fin, pour mes adieux à la Campagne romaine, la promenade sur la terrasse ; m'y voici, seul, et je puis jouir à mon aise du spectacle offert, de cette mer immobilisée dans ses longues vagues, tandis qu'à l'extrême horizon, dans une dépression faite à souhait, se profile à 25 kilomètres la coupole de Saint-Pierre (1) ; c'est tout ce que l'on aperçoit de

(1) Ces pages étaient écrites, lorsque a paru, dans la *Revue des Deux Mondes* du 1er septembre, un article signé Edmond Courbaud : *Les Maisons de campagne romaines sous la République et l'Empire*, qui débute par des visions rapides mais exactes de la villa Hadriana. J'ai le plaisir de me rencontrer sur la plupart des points avec M. Courbaud, toutefois je lui ferai quelques observations de détail. Ainsi je lis ceci : « Au milieu de l'étendue silencieuse, la Ville éternelle détache les saillies de ses coupoles, les courbes de ses campaniles, et lance hardiment sur le fond d'or du ciel le dôme de Saint-Pierre qui semble rayonner dans une gloire et n'apparaît jamais qu'à cette distance, ce qu'il a voulu être, le symbole de l'Eglise triomphante. » Je passe sur une évidente transposition de termes, il faut lire manifestement les saillies de ses campaniles et les courbures de ses dômes. Puis l'Eglise triomphante n'est pas celle qui triomphe sur la terre. Mais de la villa

la Ville éternelle, et l'effet est plus grand que si on en voyait le panorama tout entier. J'admire d'abord sans l'analyser cette splendeur d'espace et de lumière, cette étendue où rien n'apparaît vivant que le soleil, c'est une plénitude de clarté blonde à peine moirée de quelques rides d'ombre légère. Le sol poudroie, s'avive comme s'il avait plu pendant plusieurs jours du très vieil or en limaille, là-bas, à gauche, l'espace se perd dans un infini qui est la mer, mais elle est à une cinquantaine de kilomètres et si on la devine on n'en voit rien.

Le ciel a recouvré toute sa pureté et ce qui reste du gros nuage pluvieux de tout à l'heure s'est résolu en quelques flocons blancs plafonnés par le bas ; ils se forment, se déforment lentement et mettent de la vie dans les profondeurs d'un bleu lavé, tandis qu'au loin rosissent déjà les premières lueurs du couchant. Contemplé d'ici, l'embrasement final de la journée doit être admirable, mais l'heure du retour approche et je ne puis que savourer les préludes d'un beau soir romain.

Le tableau saisi dans son ensemble, je m'attache aux détails ; à gauche voici les masses rougeâtres et les verdures métalliques de la villa Hadriana, qui se

---

d'Este, qui est à un niveau très supérieur à celui de la villa Hadriana, on n'aperçoit que la coupole de Saint-Pierre, et encore la calotte seulement non le tambour ; de la villa on n'en voit rien, si ce n'est peut-être, et encore, l'aigrette terminale de la lanterne. Il en est de même pour la mer ; si on la soupçonne de la terrasse de Tivoli, c'est par la fuite de l'horizon, mais on ne l'aperçoit pas du tout. Je laisse donc à penser si on en distingue quelque chose de la villa Hadriana qui est au moins à 100 mètres plus bas. Je pense que M. Courbaud a été trompé par ses souvenirs.

perdent dans l'immensité déployée ; à droite quelques remous dans la plaine révèlent les carrières de travertin du pont Lucano. Le Colysée, Saint-Pierre avec les portiques du Bernin ; maints édifices anciens et modernes de Rome, sont sortis de ces carrières qui semblent de simples crevasses du sol, tant sont peu de chose les œuvres les plus colossales de l'homme comparées avec celles de la nature (1).

Le travertin, dont le nom semble être une corruption de tiburtin, est une noble pierre, assez dure, excellente pour un pays où les grandes gelées sont inconnues, d'un ton jaunâtre, percée de trous et qui ne comporterait pas d'autre travail ornemental que les à peu près sommaires propres à l'art romain. On ne le peut donc comparer à nos innombrables et variés calcaires français qui reçoivent et conservent si bien l'empreinte la plus délicate reçue du ciseau. Mais ces broderies prodiguées à nos édifices par le moyen âge et la Renaissance ne sont d'aucun usage en Italie où l'architecture procède par masses et surfaces. Des travertins ou de ses similaires il y en a en maints lieux puisque ce n'est à vrai dire qu'un tuf plus compact et d'une texture purement inorganique. Celui du pont Lucano est un dépôt des eaux sulfureuses d'Albula ; cette région est, en effet, un véritable solfatare et le mot même se rencontre dans la nomenclature géologique locale. Les eaux hautement minéralisées ont dû former ici un grand lac et très profond dont

(1) On éprouve cette impression et très vive à Carrare ; il y a plus de deux mille ans que les montagnes de marbre alimentent la statuaire du monde entier et les carrières ne sont que quelques taches blanches aux flancs du massif boisé.

n'est qu'un résidu la lagune *di Tartari*. Cependant ce lagon, grand comme un étang médiocre, nous fait comprendre la formation géologique du travertin parce qu'elle s'y continue lentement sous nos yeux et dans des proportions très réduites. L'eau, en effet, est si bien saturée de gaz acide carbonique, qu'on la croirait sur certains points en ébullition ; et sa haute température, 26°,67° environ, la rend très propre au développement de la vie végétale comme au dépôt de cristallisations calcaires. « Il n'existe aucun lieu du monde, dit sir Humphry Davy (1), qui offre un exemple plus frappant de l'opposition entre les contacts de la nature animée et inanimée, des forces de l'affinité chimique et de celles qui président aux phénomènes de la vie. » Ainsi dans la période actuelle, il se forme rapidement des tufs relativement friables, et avec beaucoup plus de lenteur des dépôts de travertin ; les plus anciens bancs de celui-ci ont de cent à cent cinquante mètres d'épaisseur et l'exploitation intensive de tant de siècles ne les a pas épuisés.

Charles de Brosses, qui a visité la région d'Albula mais sans lui donner son nom, dit que des brins de paille que l'on plonge dans cette eau se chargent en très peu de temps de cristaux pierreux ». « On les met, dit-il, dans des boites à bonbons en guise de bâtons de cannelle confits au sucre brillant. » C'est tout ce qu'il dit des phénomènes géologiques auxquels est due la formation du travertin. Il parle aussi du lac et de ses îles flottantes sur lesquelles des paysans

____

(1) Cité par sir Charles Lyell, *Principes de Géologie*, I, p. 533.

« montent et naviguent pour le plaisir des curieux :
c'est peu de chose (1) ».

Les Romains, qui avaient la passion des eaux ther-
males et ont utilisé à peu près toutes celles de leur
empire, ne pouvaient négliger celles d'Albula ; sous
Auguste, Agrippa y établit des thermes et Néron les
fit amener à la Maison dorée. On les exploite à nouveau depuis quelques années.

Cependant, il est cinq heures, et il me faut quitter
ce spectacle que mes yeux ne verront plus, mais que
l'imagination me représentera toujours. Pendant ma
station contemplative l'aspect a déjà changé, la Campagne a pris un ton doré encore plus profond, et les
clartés crépusculaires du couchant enveloppent plus
ardentes la grande coupole obscure ; mais il est temps
de prendre le chemin de la gare ; et m'acheminant
vers le casino je traverse les jardins assombris,
déserts, que remplit le chant éternel des eaux vivantes. Je suis seul et de la terrasse supérieure j'em-
brasse le spectacle grave des verdures ; la villa appartenait naguère au cardinal de Hohenlohe, aujourd'hui
elle se trouve être je ne sais comment la propriété
du prince héritier d'Autriche ; puisse-t-il continuer de
n'y venir jamais et la laisser dans cet état de demi-
abandon livrée aux seules forces de la nature (2).

Et dans la ville je m'aperçois aux grandes flaques
d'eau et boue que l'averse a été beaucoup plus forte
que je ne le croyais ; la tente d'un café fléchit sous
le poids de la pluie reçue. La terrasse est remplie de

(1) Lettre XLVIII à M. de Neuilly.
(2) Chateaubriant avait annoncé une lettre sur la villa d'Este,
mais ou il ne l'a pas écrite ou elle est perdue.

consommateurs parmi lesquels je démêle mon trio français de tout à l'heure, qui a l'air de s'ennuyer à mourir en achevant de déguster des *gelati*, ces gros sorbets en pain au goût exquis de citron frais que l'on trouve partout en Italie. Je fais comme mes compatriotes inconnus et savoure un bloc fondant, parfumé pendant que manœuvre sans fin le train de retour.

Il est bondé et d'une foule plutôt bruyante, mais pas un ivrogne, pas même un voyageur trop gai ; on part enfin après vingt minutes de retard seulement. Dans un compartiment voisin un homme entonne, d'une voix de gorge mais bien timbrée et juste, une romance un peu traînante, quelque chanson populaire, sans doute, qu'accompagnent en sourdine, à la tierce, un homme et une femme. Je me dis qu'à cette heure même les trains commencent de ramener à flots dans Paris les promeneurs du dimanche et que d'un bout à l'autre retentit dans un envi de fausses notes l'inepte *Viens, poupoule* ; j'aime mieux la romance de mes compagnons invisibles.

Nous redescendons parmi les oliviers dont les troncs allongent des ombres bosselées et bizarres ; puis voici la villa Hadriana, le tombeau des Plauti ; les quelques maisons plus loin rencontrées se piquent déjà de points lumineux qui font deviner l'universelle lampe à pétrole. Bientôt ce sont les approches de la ville, les rues gaies, vivantes du faubourg, où s'allument les premiers feux de la nuit. La soirée est d'ailleurs d'une douceur exquise, et, comme le plébéien, son lointain ancêtre ou prédécesseur sur ce sol historique, le Romain d'aujourd'hui ne rentre guère chez lui que pour y dormir. Je remarque ces étalages forains où sous la lanterne à essence s'amoncellent ces beaux et savoureux raisins des châteaux, c'est-à-dire des pentes de Frascati, semblables les uns à des globules d'ambre, les autres à de gros grenats pourpres ou violets ; il y en a aussi en forme d'olive, à la couleur de jade et croquant comme des bonbons, tous également délicieux, d'une saveur vineuse et douce. Depuis que je suis à Rome je fais une véritable cure de raisins.

Cependant voici la gare, la porte Tiburtine, le tramway à chevaux, la place des Thermes où j'envoie un salut amical à la gerbe blanche de l'eau Marcia ; je prends le tramway électrique, traverse la coupure des beaux palais modernes et en pierre éclatante qui se superposent aux fondations de l'ancien hémicycle jeté en avant des thermes de Dioclétien et par la longue, la banale rue Nationale, j'arrive à la place de Venise que dominera bientôt le colossal monument à Victor Emmanuel élevé sur le promontoire oriental du Capitole, là où fut la citadelle que ne surent pas prendre les Gaulois de Brennus ; puis en quelques minutes, par les rues éclairées, je gagne à pied l'hôtel de la Minerve qui depuis une couple de semaines est mon port d'attache à Rome.

Saint-Seine-l'Abbaye, 12 août-8 septembre 1904.

Dijon, Imp. Darantiere.

SPES·IN·LABORE
DARANTIERE